Zu diesem Buch

Ob es darum geht, aufgebrachte Kunden zu besänftigen, Hintergrundinformationen zu bekommen, Termine zu vereinbaren oder Aufträge zu akquirieren: Wer am Telefon sofort den richtigen Ton trifft, hat fast schon gewonnen. Dieses Buch bietet allen, die beruflich viel telefonieren müssen, zahlreiche Tips und Tricks, die ihre Telefonkompetenz verbessern.

Gisa Briese-Neumann zeigt, wie Sie Ihre Telefonstimme schulen, wichtige Telefonate vorbereiten, problematische Situationen am Telefon meistern und mit Hilfe effektiver Arbeitstechniken wie Buchstabiertechniken und Telefonnotizen Ihren beruflichen Erfolg steigern können.

Die Autorin

Dr. Gisa Briese-Neumann studierte Germanistik, Anglistik und Philosophie an den Universitäten Tübingen, Oxford und Melbourne. Sie war als Chef- und Fremdsprachensekretärin sowie als Dozentin in der Erwachsenenbildung tätig. Sie ist Autorin verschiedener Bücher. Im Rowohlt Taschenbuch Verlag erschien «Herausforderung Stress. Gesund durch Körper- und InnerManagement» (rosach 60212).

Gisa
Briese-Neumann

Professionell
telefonieren

Rowohlt

Vollständig überarbeitete
Taschenbuchausgabe
Veröffentlicht im
Rowohlt Taschenbuch Verlag GmbH,
Reinbek bei Hamburg, September 1998
Die Originalausgabe erschien 1996
unter dem Titel
«Professionell telefonieren:
Kompetenz, Kundenorientierung
und Corporate Identity am Telefon»
im Gabler Verlag, Wiesbaden
Copyright © 1996 by
Betriebswirtschaftlicher Verlag
Dr. Th. Gabler GmbH, Wiesbaden
Umschlaggestaltung Notburga Stelzer
(Foto: G + J Photonica, H. Kuwajima)
Satz Utopia, PostScript, QuarkXPress 3.31
bei UNDER/COVER, Hamburg
Gesamtherstellung Clausen & Bosse, Leck
Printed in Germany
ISBN 3 499 60485 X

►◄ INHALT

VORWORT

Der Siegeszug der drahtvermittelten Individualkommunikation setzte vor mehr als hundert Jahren ein. Was mit der Übertragung eines ersten Rauschens, dann von Tönen und schließlich von mehr oder weniger deutlich hörbaren Worten begonnen hatte, wurde inzwischen zu hoher Perfektion entwickelt: Wählautomatik, Kurzwahl, Direktwahl, Telefonkonferenz, Autotelefon sind nur einige Stichworte. Telefax und Bildschirmtext sind ohne Telefonleitungen nicht möglich. Das Telefon ist mittlerweile zum multifunktionalen Medium geworden – die Grenzen des Möglichen scheinen noch lange nicht erreicht. Es ist fester Bestandteil im heutigen Leben – sowohl im Beruf als auch im Privaten – und ermöglicht uns

▷ den persönlichen Kontakt, selbst über eine große Distanz,
▷ rationelles Arbeiten, da wir in kurzer Zeit Informationen austauschen und Kontakte herstellen können,
▷ Zeit zu gewinnen durch die rasche Lösung von Problemen in einem Dialog,
▷ Kosten zu sparen, denn der Besuch eines Geschäftspartners – um nur ein Beispiel zu nennen – ist teurer als ein Telefonat.

Dieses Buch richtet sich an alle, die das Telefon vor allem beruflich erfolgreicher nutzen wollen. Es soll ihnen helfen, das Telefon zu einem effizienten Arbeitsmittel zu machen und ihre Ziele professionell zu erreichen.

Vorrangig werden Situationen durchleuchtet, die bei der telefonischen Kommunikation auftreten: angefangen vom richtigen Melden und Buchstabieren über falsche Verbindungen oder Unterbrechungen des Gesprächspartners (GP) bis hin zu falschem Verhalten gegenüber einem Telefonpartner (TP), zu Gesprächstechniken und zur Behandlung konfliktträchtiger Situationen. Jeder, der sich schon einmal im Umgang mit schwierigen TP unsicher gefühlt hat und erfolgreich telefonieren möchte, wird brauchbare Tips zur Verbesserung seines Know-how entdecken.

Damit Sie möglichst stark profitieren, sind die Empfehlungen, Ratschläge und Tips ausführlich und in den meisten Fällen anhand sofort umsetzbarer Beispiele erklärt. Doch Sie allein kennen Ihren Funktionsbereich und die damit verbundenen spezifischen Aufgaben – auch am Telefon. Vorgefertigte Beispiele «für alle Lebenslagen» dürfen Sie also nicht erwarten. Die technische Seite des Telefonierens, zum Beispiel die Wahl eines optimalen Gerätes oder einer effizienten Telefonanlage, kann am besten von entsprechenden Spezialisten geklärt werden. Dieses Thema wird deshalb im Textteil nur ansatzweise behandelt, im umfangreichen Glossar finden sich jedoch detaillierte Hinweise, Begriffs- und Sacherklärungen.

Das Erfreuliche am Gespräch ist, daß man sofort ein Echo des eigenen Verhaltens bekommt. Ob Tadel oder Anerkennung – es liegt bei Ihnen, denn in der Regel bekommt man, was man gibt. Möchten Sie mehr Lebensfreude durch positive Reaktionen? Dann seien Sie positiv, auch am Telefon!

Tübingen, im Juni 1998   Gisa Briese-Neumann

1 KOMMUNIKATION AM TELEFON

Zur Kommunikation am Telefon gehören Aufgaben wie Verbindungen herstellen, Verhandlungen führen, Auskünfte erteilen, Informationen einholen, Kunden kontaktieren, Telefon-Marketing betreiben, Aufträge an Mitarbeiter weiterleiten.

Die besten Voraussetzungen dafür, einen TP für sich einzunehmen, sind Freude am Umgang mit anderen Menschen, eine positive Einstellung, Flexibilität, Schnelligkeit, Selbstsicherheit in der Kommunikation, gutes Einfühlungsvermögen, sympathische Ausstrahlung, Identifikation mit den Belangen des Unternehmens, unternehmensspezifische Kenntnisse (zum Beispiel der Produkte des Unternehmens, des Absatzmarktes, der innerbetrieblichen Zusammenhänge).

Doch diese Faktoren sichern noch nicht den Erfolg eines Telefongesprächs. Die Schwierigkeit beim Telefonieren besteht darin, daß das Gespräch fast ausschließlich rein verbal abläuft, nonverbale Elemente wie Körpersprache können nicht eingesetzt werden. Deshalb ist die Gefahr, über das Telefon mißverstanden zu werden, wesentlich größer als beim persönlichen, direkten Gespräch. Vorteil ist, daß das Problem der richtigen Kleiderwahl und der Attraktivität des GP wegfällt, so daß inhaltliche Aspekte im Vordergrund stehen können. Daß Ihr GP Ihre Körpersprache nicht «lesen» kann, bewahrt Sie davor, womöglich in eine bestimmte «Schublade» gesteckt zu werden. Darüber hinaus ist der zeitliche Rahmen eines Telefonats meist begrenzter als beim direkten Gespräch. Das Telefonieren erfordert deshalb ein hohes Maß an Konzentration und Umsicht, weshalb sich eine gute Vorbereitung empfiehlt. Telefonstimme und klare Aussprache beeinflussen die Atmosphäre des Gespräches ganz entscheidend. Beides läßt sich schulen. Auch lassen sich eine Reihe von Techniken trainieren. Dazu müssen Sie allerdings mehr über die Schwächen und Stärken Ihrer kommunikativen Kompetenz herausfinden.

Die Bedeutung eines Telefongespräches wird häufig unterschätzt

Zuerst ist es einmal wichtig, daß Sie die Bedeutung des Telefonierens im innerbetrieblichen Gefüge erkennen. Oft ist das Telefon die einzige Verbindung zum Kunden. Ein Telefonat kann also darüber entscheiden, ob sich eine Geschäftsverbindung günstig oder weniger günstig entwickelt.

Das Beherrschen der Technik allein genügt nicht

Es passiert täglich: Der Anrufer wird ausgeklinkt, falsch verbunden, nicht verbunden, er wird nicht korrekt informiert oder mit einem lapidaren «Alles klar» auf alle angesprochenen Belange abgefertigt. Schwachstellen sind häufig mangelndes Know-how bei der telefonischen Kundenbetreuung, es fehlen rhetorische Gewandtheit und psychologisches Einfühlungsvermögen. Die Aufgaben am Telefon sind natürlich je nach Unternehmen, Position und Vorgesetztem verschieden. Deshalb sollte aber das Telefonieren nicht dem Zufall und der Begabung des einzelnen überlassen werden. Nur so können entsprechende Beschwerden vermieden, kann auch das Telefon im Sinne einer positiven Geschäftsbilanz gezielt eingesetzt werden.

Oft gehören die TP unterschiedlichen Funktionsebenen an, woraus sich eine jeweils spezifische Verhaltensweise ergibt.

▶ Beispiele

Sekretärin und «höhergestellter» TP:

Ihr Grundproblem als Sekretärin: Wie bekomme ich in Zusammenarbeit mit meinem Vorgesetzten Telefonate optimal in den Griff? – Optimal ist es, wenn zwischen Chef und Sekretärin Teamarbeit praktiziert wird. Klären Sie am besten gemeinsam mit Ihrem Chef,

- wie Telefonate (in Zukunft) gehandhabt werden sollen,
- wer die schwierigen GP sind und wie mit ihnen (als TP) umzugehen ist,
- für wen beziehungsweise in welchen Fällen Ihr Chef im Zweifelsfall immer zu sprechen ist.

Vorgesetzter und fremde Sekretärin:

Ihr Grundproblem als «ranghöherer» TP: Wie gehe ich mit der Sekretärin meines Geschäftspartners um? – Häufig ist die Sekretärin die «rechte Hand»; sie führt beispielsweise den Terminkalender und entlastet ihren Chef enorm. Ihre Leistung wird jedoch von vielen im Unternehmen und außerhalb (zum Beispiel von Anrufern) nicht anerkannt. Eine Sekretärin wird verständlicherweise empfindlich reagieren, wenn Anrufer sie als Non-Person behandeln. Daher sollten Sie das Gegenteil tun: Respektieren Sie Ihre Kolleginnen beziehungsweise die Assistentin Ihres Geschäftspartners, und machen Sie sie zu Ihrer Verbündeten. Sprechen Sie sie namentlich an, und notieren Sie ihren Namen für Ihre Unterlagen. Wenn die Sekretärin die Aufgabe hat, wichtige Anrufe zu filtern, dann werden Sie ohne ihre Hilfe kaum zu ihrem Chef durchdringen können.

2 GRUNDSÄTZLICHE ÜBERLEGUNGEN ZUM TELEFONEINSATZ

▶◀

Vor- und Nachteile eines Telefonats

Beim direkten Gespräch ist der GP anwesend, was eine Reihe von Vorteilen hat: Signale der Körpersprache (zum Beispiel Mimik, Gestik, Blickkontakt, Körperhaltung, Körperbewegung, äußere Erscheinung) tragen zum Verständnis bei, denn etwa zwei Drittel unserer Kommunikation laufen nonverbal ab. Die Folge sind weniger Vermutungen über die Bedeutung einer Äußerung, weniger Mißverständnisse und weniger Ablenkungen durch Geschehen in unmittelbarer Umgebung. Die Empfindungen des GP werden auch ohne Worte verständlich. Durch Demonstration kann das Gesagte unterstrichen werden.

Die Nachteile sind: Unsicherheit, Enttäuschung, Ablehnung, Zweifel, Desinteresse, Konzentrationsschwäche oder ähnliches im Verhalten eines GP sind sichtbar.

Beim indirekten Gespräch, also beim Telefonat, können sich die GP in der Regel nicht sehen.

Vorteile: Alle sichtbaren negativen Signale, die gegen den GP gedeutet werden könnten (zum Beispiel Erröten, Verlegenheit, Wut, Langeweile), bleiben am Telefon verborgen.

Nachteile: Signale der Körpersprache sind nicht sichtbar, Blickkontakt ist nicht vorhanden, keine Illustrationsmöglichkeit, erhöhte Gefahr von Mißverständnissen, ständiger Redezwang, weil Schweigen am Telefon irritiert.

Beim Telefonieren empfiehlt sich generell: Sagen Sie alles mindestens einen Ton höflicher als beim direkten Gespräch, um fehlende, besonders starke rhetorische Hilfsmittel wie Mimik und Gestik auszugleichen. Ihr TP ist darauf angewiesen,

Ihre (verborgenen) Empfindungen aus der Stimme heraus-
zuhören.

Bei der Anwesenheit eines GP, gerade wenn dieser eine der
eigenen Position gegenüber abweichende Haltung einnimmt,
kommen Gefühle unmittelbarer und eventuell auch unkon-
trollierter zum Ausdruck. In den Fällen, in denen eine derart
direkte Auseinandersetzung problematisch werden könnte,
kann die fast ausschließlich verbale (telefonische) Kommunikation Vorteile bieten. Das Telefon überträgt mit dem Klang,
dem Timbre, den Schwingungen der Stimme die emotionale
Situation der GP. Es schafft nicht nur Kontakt, es bringt auch
Nähe, übermittelt das jeweilige persönliche Empfinden, das
die GP für einander hegen. Wir können kommunizieren, ohne
den anderen zu sehen – mitunter ermutigt dies sogar, Dinge zu
sagen, die man im direkten Gespräch verschweigen würde.

Kontaktsicherung im Telefonat

Der Wegfall des visuellen Kanals beim herkömmlichen Telefonat hat zur Folge, daß der Blickkontakt durch verbale (und
auch nonverbale) Mittel ersetzt werden muß. Verständnis-
sicherung und Hörersignale erfordern zusätzliche Aktivitäten
(«nein?», «wirklich?», «nicht?», «Ja, eh, ich meine…», «äh»,
«em»). Am Telefon gemeinsam zu schweigen ist schwerer
durchzuhalten als im direkten Gespräch, weil es von beiden
Seiten als Gefährdung oder gar Unterbrechung des Kontaktes
interpretiert werden könnte («Hallo?», «Sind Sie noch dran?»).
Längere Pausen werden daher meist durch Routineformeln le-
gitimiert («Moment bitte, ich verbinde Sie weiter»), durch au-
tomatisierte Ansagen vorbereitet («Bitte warten») oder durch
eingespielte Musik überbrückt.

Telefonkosten – Zeit ist Geld

Ein Mitarbeiter, der mitdenkt, wird bei der Frage, ob telefoniert oder geschrieben werden soll, Kosten und Sachlage gegenüberstellen. Bei kurzen Nachrichten könnte ein Telefongespräch kostengünstiger sein als ein Brief. Wenn die behandelte «Sache» nicht nur Tageswert hat, wird ein Brief das Mittel der Wahl sein. Eilige Informationen werden auf jeden Fall telefonisch, per Telefax oder E-mail übermittelt. Schwierige Situationen, zum Beispiel die Weitergabe von Reklamationen, lassen sich – mit großem Fingerspitzengefühl – telefonisch oft besser klären als schriftlich.

Bei der Installation von Telefonen am Arbeitsplatz sollten im Hinblick auf den Kostenfaktor folgende Möglichkeiten berücksichtigt werden:

▷ Amtsberechtigung für bestimmte Mitarbeiter: Kosten für den Vermittlungsdienst und die Vermittlungszeit entfallen.

▷ Durchwahl bis zum Arbeitsplatz: Entlastung des Vermittlungsdienstes und der Amtsleitungen; geringe Kosten für die Vermittlungszeit auf seiten des Anrufers.

▷ Gebührenerfassungseinrichtung (verschiedene Optionen): Die Mitarbeiter werden durch Transparenz von Gebührenkosten zu kostenbewußtem Telefonieren angeregt.

▷ Auswahl einer den erforderlichen Kapazitäten angepaßten Telefonanlage: Wartezeiten entfallen.

▷ Kurzrufnummernwahl o. ä.: Einsparung von Arbeitszeit, da sich die Mehrzahl der Telefonate an eine überschaubare Zahl von Kunden richtet.

Das Abschätzen der Kosten setzt Kenntnisse über Telefongebühren voraus, etwa als Orientierungswert die Kosten für ein 3-Minuten-Gespräch mit einem 300 Kilometer entfernten Teilnehmer. Telefonieren ist vor allem dann teuer, wenn der Anrufer ohne Vorbereitung und dadurch unnötig lange telefoniert.

Es gibt neben den Einrichtungen der Gebührenerfassung noch weitere Möglichkeiten zur Senkung der Telefonkosten, zum Beispiel eine ausreichende Zahl öffentlicher Fernsprecher für Privatgespräche, die Einrichtung halbamtsberechtigter Telefonapparate oder das Sperren von Ansagediensten (z. B. Lotto).

Was Sie beachten sollten, um das Telefon effizient zu nutzen

► Für Telefonate notwendige Unterlagen liegen am Arbeitsplatz stets bereit.

► Durchwahlnummer eines häufig verlangten GP verwenden.

► Klare und deutliche Aussprache bei der telefonischen Vorstellung, um unnötiges Nachfragen zu ersparen.

► Anwendung eines Buchstabieralphabets zur besseren Verständigung beim Verwenden von Eigennamen.

► Kostenbewußtes Telefonieren, das heißt mit entsprechender Gesprächsvorbereitung.

► Sicherstellen, daß Verbindung mit dem «richtigen» Ansprechpartner besteht.

► Anfertigung von Telefonnotizen als Arbeitsunterlage.

Grundsätzlich hat der Kunde, seitdem der Telekommunikationsmarkt liberalisiert wurde, die Qual der Wahl. Denn er muß sich genau überlegen, auf welchen Anbieter beziehungsweise auf welches Service-Angebot er zur Optimierung seiner Telefon- und Datenkommunikationskosten zunehmend setzen sollte. Längerfristig ist zu erwarten, daß sich die tatsächlichen Vorteile für geschäftliche Nutzer von TK-Diensten kristallisieren werden, denn zunächst hat die völlige Deregulierung des deutschen Telekommunikationsmarktes mehr Durcheinander als Transparenz für den Kunden gebracht.

3 ARBEITSPLÄTZE MIT TELEFON

►◄

Wie sollte der Arbeitsplatz aussehen?

Professionelles Telefonieren erfordert hohe Konzentrations-
fähigkeit und Belastbarkeit. Mitarbeiter, die fast ausschließlich
mit Hilfe des Telefons arbeiten, führen 60 bis 80 Telefonate pro
Tag. Das bedeutet etwa 100 bis 120 Wählversuche, den Kontakt
mit bis zu 80 GP mit unterschiedlichen Problemen, Anliegen,
Einstellungen, Stimmungen sowie bis zu 80 Telefonnotizen
und bis zu 40 Briefe pro Tag! Diesem Arbeitsvolumen muß ein
Arbeitsplatz mit einer durchschnittlichen Telefonnutzung
Rechnung tragen und Mitarbeitern ein entsprechendes Ar-
beitsumfeld bieten. Erforderlich sind:

– ein eigenes Zimmer oder ein mit Stellwänden o.ä. abge-
  schirmter Arbeitsplatz
– eine an EU-Richtlinien orientierte Bestuhlung
– Blick aus dem Fenster
– gute Lichtverhältnisse
– geringer Geräuschpegel
– ein optimaler Zugriff zu allen Hilfsmitteln

In unmittelbare Reichweite gehört, was für die anfallenden
Arbeiten beziehungsweise Telefonate notwendig ist:

– Kundenkartei o.ä.
– Hängeregistratur für Aktuelles am Arbeitsplatz
– Kataloge, Prospekte, Werbebroschüren
– PC-Terminal
– Taschenrechner (eventuell Rechenmaschine)
– Hilfsmittel wie Kalender, Schreibzeug, Papier, Formulare

Die Ausstattung wird nach Größe, Branche und so weiter variieren. Eine konventionelle Ausrüstung ist mitunter «schneller» als modernste Technologie: ein Adreßaufkleber wird mit der Hand rascher geschrieben als mit dem PC.

Welche Grundausstattung gehört zum rationellen Telefoneinsatz?

Interne Kommunikationsmittel wie Komforttelefone, Gegensprechanlagen, Personensuchsystem (Piepser) oder auch mobile Telefone unterstützen die verbale Verständigung innerhalb eines Unternehmens. Zur Reduzierung von Kommunikationskosten sollten die technischen Möglichkeiten von Komforttelefonen genutzt werden.

Was Komforttelefone bieten
Das Telefon sollte – abhängig vom Einsatz und von der Funktion des Nutzers – mindestens die Standardleistungsmerkmale bieten. Dazu gehören Direktruf und Rufumleitung innerhalb der Telefonanlage zu jedem gewünschten Anschluß, das optische oder akustische Anklopfen während eines Gespräches oder die Sperre ausgehender Telefonate nach Wunsch. Hinzu kommt die Anzeige der Rufnummer des Anrufers, dadurch kann sich der Angerufene schon vor dem Abnehmen überlegen, ob er für den Anrufer zu sprechen ist.

Spezielle Leistungsmerkmale (Auswahl):
▷ Anrufübernahme (Heranholen des Rufs): Wenn das Telefon an einem nicht besetzten Arbeitsplatz läutet, so kann jeder Mitarbeiter diesen Anruf am eigenen Telefon per Tastendruck übernehmen.
▷ Anrufweiterschaltung: Vor Verlassen seines Arbeitsplatzes

aktiviert der Teilnehmer die Anrufumleitung, der Anrufer erreicht ihn dort, wo er sich gerade aufhält.

▷ Automatischer Rückruf: Wenn ein angewählter Teilnehmer nicht erreichbar ist, stellt das System nach dem Aktivieren dieser Taste die Verbindung zu dem Zeitpunkt wieder her, an dem beide Teilnehmer erreichbar sind.

▷ Rückfrage/Makeln: Während des Telefongespräches kann von derselben Sprechstelle gleichzeitig eine weitere Verbindung hergestellt werden. Der wartende Amtsteilnehmer kann während der Rückfrage nicht mithören.

▷ Interne Konferenzschaltung: Der Teilnehmer kann weitere Mitarbeiter am Telefonat durch Mithören oder Mitsprache beteiligen.

▷ Angerufene Rufnummer im Display: Das Telefon zeigt die jeweils gerade gewählte Nummer an.

▷ Gebührenanzeige.

▷ Gesprächsdatenerfassung: Zahl der Gespräche, durchschnittliche Dauer, und die Gebühren werden erfaßt.

▷ Sammelanschluß: Eingehende Gespräche werden automatisch auf frei werdende Leitungen verteilt.

▷ Optische/akustische Signale: zur Kennzeichnung des Anrufs (extern/intern, Nebenstelle besetzt/frei).

▷ Anklopfen: durch ein Signal wird auf einen in der Leitung wartenden Anrufer aufmerksam gemacht.

▷ Anrufschutz: Eingehende Anrufe werden umgeleitet, der Apparat ist frei für aktives Telefonieren.

4 WAS ERFOLGREICHES TELEFONIEREN AUSZEICHNET

Geschicktes, erfolgreiches Telefonieren basiert auf Sachlichkeit, gepflegter Umgangssprache und Empathie. Nur ein in Argumentation, Sprachkompetenz und Stimmführung versierter Mitarbeiter kann das Telefon optimal nutzen.

1. Sachlichkeit am Telefon

Der sachliche GP lenkt die Aufmerksamkeit auf Fakten, er stützt sich nicht auf Vermutungen. Vor allem bei sachlich-inhaltlichen Differenzen besteht die Gefahr, daß ein GP von der Sachebene (Verstandesebene) auf die Beziehungsebene (Gefühlsebene) wechselt, so daß das Gespräch leicht ins Unsachliche abgleiten kann. Charakteristisch hierfür sind: scharfer Tonfall, Aggressivität, beleidigende Äußerungen, Abwehrhaltung.

2. Sprachlich geschicktes Vorgehen

Sprachliches Geschick drückt sich aus

▷ im Gebrauch gepflegter, dialektfreier Umgangssprache, also auch in angemessener Wortwahl,

▷ im Verzicht auf Fachausdrücke, Fremdwörter, Anglizismen oder Abkürzungen, deren Verständnis beim TP nicht erwartet werden kann,

▷ in verständlichen Formulierungen,

▷ in gemäßigter Lautstärke sowie in angemessenem Tonfall und Sprechtempo.

3. Empathie

Empathie, also Einfühlungsvermögen, fördert die Kommunikation. Einige Grundregeln:

▷ Formulieren Sie Sachverhalte möglichst so, daß Sie bei Ihrem TP keine negative Reaktion hervorrufen.

▷ Behandeln Sie Ihren TP so, wie Sie von ihm behandelt werden möchten.

▷ Persönliche Formulierungen sprechen den TP an, Standardformulierungen ordnen ihn in die große Masse des Durchschnitts ein, weshalb von Fall zu Fall zu differenzieren ist.

Sprache und Rhetorik am Telefon

Das Telefon ist oft die einzige Verbindungsmöglichkeit zum Kunden, der Sprache kommt hier eine besondere Bedeutung zu. Verwenden Sie deshalb keine Worthülsen, abgedroschenen Floskeln, schwer zu verstehende Ausdrücke oder ironische Zwischenbemerkungen.

Beachten Sie vor allem auch Ausdrucksweise, Betonung und Tonfall. Sprechen Sie natürlich, und vermeiden Sie aggressiven Tonfall, unangezeigte Distanzlosigkeit, einschläfernde Eintönigkeit.

Aussprache

Wer undeutlich spricht, wird schlechter verstanden. Artikulieren Sie Anfangs- und Endbuchstaben klar, verschlucken Sie nichts, sprechen Sie Vokale und Konsonanten deutlich aus. Betonen Sie das Wesentliche. Machen Sie eine kurze Pause, wenn Sie einen Gedankengang abgeschlossen haben, damit der GP das Gesagte nachvollziehen, Ihnen zustimmen oder ein neues Argument einbringen kann. Gliedern Sie Zahlenangaben (Beträge, Telefonnummern, Hausnummern, Termine ausgeben usw.), und sprechen Sie die Zahlen verständlich aus. Beispiel:

Vorwahl 0 71 54 – null / Pause / sieben eins / Pause / fünf vier /
Pause / statt: null sieben eins fünf vier.

Wortschatz
Die Ausdrucksfähigkeit wird wesentlich vom Wortschatz bestimmt. Mit einem großen Wortschatz lassen sich Dinge und
Sachverhalte veranschaulichen oder überzeugend vergleichen
und Bilder in der Vorstellung hervorrufen. So lassen sich auch
komplizierte Vorgänge vermitteln.

Wortwahl
Wählen Sie treffende Ausdrücke, dann werden Sie besser (und
schneller) verstanden.

Abkürzungen
Verwenden Sie möglichst keine Abkürzungen. Berücksichtigen
Sie, daß nicht jeder TP die Fachsprache Ihrer Branche beherrscht. Übersetzen Sie Fachbegriffe deshalb gegebenenfalls
in eine verständliche Sprache.

Satzlänge
Neben Sicherheit im Ausdruck sorgt die angemessene Satz-
länge für die Verständlichkeit. Wenn Sie selbst einfache Zusammenhänge mehrmals wiederholen müssen, sollten Sie Ihre
Ausdrucksweise kritisch überprüfen.

Füllwörter
Ihren GP stört es, wenn er sich ständig «äh» oder nichts-
sagende Floskeln wie «eben», «praktisch», «also», «alles klar»,
«nicht», «ist doch so, oder?» anhören muß.

Dialekt
Ihr Dialekt ist Teil Ihrer Persönlichkeit. Daran wird niemand
Anstoß nehmen, wenn darunter die Verständlichkeit nicht lei-

det. Grundsätzlich gilt: Dialekt-Klangfarbe ja, spezielle Dialekt-Begriffe nein. Vermeiden Sie auch «Telefonjargon» («an der Strippe», «Ich lege Sie um …»).

Konjunktiv / Konditional

«Falls Sie den Auftrag erteilen würden, wären wir Ihnen sehr dankbar, wenn …» – Klingt der Satz wirklich überzeugend? Der Gebrauch von Konjunktiv und Konditional ist bestimmten Anwendungsbereichen vorbehalten.

▷ Vermeiden Sie deshalb am Telefon möglichst «wäre», «würde», «hätte», «könnte» und ähnliches!

▷ Vermitteln Sie Sicherheit, Bestimmtheit und Sachlichkeit durch die Verwendung des Indikativs!

▷ Wenn Sie besonders höflich sein wollen, ist die Verwendung des Konjunktivs / Konditionals natürlich angezeigt (Beispiele mit * gekennzeichnet).

Konjunktiv (Möglichkeitsform)/Konditional	Indikativ (Wirklichkeitsform)
Wir würden uns freuen, wenn …	*Wir freuen uns, wenn …*
Das wäre allerdings bedauerlich.	*Es ist bedauerlich, daß …*
Unser Terminvorschlag wäre …	*Unser Terminvorschlag ist …*
Dürfte ich kurz zusammenfassen …	*Darf ich kurz zusammenfassen …*
Könnten Sie uns bitte informieren …	*Bitte informieren Sie uns.*

Was sprachliche Eigenheiten bedeuten können

Mit bestimmten verbalen Signalen zeigt der GP, was er eigentlich denkt, wo er Prioritäten setzt, welche Ziele er verfolgt:

▷ «Übrigens...» – Vom eigentlichen Wortsinn her verstanden müßte etwas Nebensächliches folgen. In der Regel jedoch wünscht sich der GP, daß diesen Worten ganz besondere Aufmerksamkeit geschenkt wird.

▷ «Wie Sie bestimmt wissen...» – Man kann meistens davon ausgehen, daß sich der Sprecher nicht sicher ist, ob Sie es tatsächlich wissen oder nicht. Er glaubt auf jeden Fall, daß Sie informiert werden müßten.

▷ «Glauben Sie mir...» – Diese Einleitung ist nichts als ein emotionaler Handstreich, um den GP zu überzeugen und Widerspruch von vornherein abzuwehren.

▷ «Haben Sie etwas dagegen, wenn...» – Mit diesem Trick versuchen GP, bestimmte Voraussetzungen für ihre Argumentation festzuschreiben und den so Angesprochenen «in die Zange zu nehmen».

Gibt es die ideale Telefonstimme?

Eine präzise und sichere Stimme ist am Telefon von zentraler Bedeutung. Ihr TP soll durch Ihre Stimme den Eindruck gewinnen, mit einer zuverlässigen, kompetenten und freundlichen Person zu sprechen. – Jemand sagt in einem völlig gelangweilten, desinteressierten Tonfall: «Ich kümmere mich sofort um die Angelegenheit.» – Glauben Sie ihm? Sie werden skeptisch sein, denn im Ton schwingt hier noch eine andere, eine indirekte Aussage mit, die heißen könnte: «Eigentlich habe ich keine Lust, überhaupt etwas für Sie zu tun.» – Eine positive Einstellung zum TP und der Wunsch, einen positiven Eindruck zu hinterlassen, lassen Ihre Stimme entsprechend angenehm klingen.

Welche Auswirkungen hat der Klang
der Stimme am Telefon?

Wird Anrufern eine besonders hohe Stimme zugemutet, kann es sein, daß viele Geschäftspartner gereizt reagieren und gar nicht wissen, warum. Oft wird vermutet, der Inhalt des Gesagten habe einen aufgeregt, wenn es in Wirklichkeit die Stimme des TP war! Sollte Ihre eigene Stimme besonders hoch klingen, bedenken Sie: Je kürzer Sie telefonieren, desto leichter wird es für Ihren TP, Ihre Stimme zu ertragen. Überlegen Sie, ob Sie Ihre Telefonstimme mit professioneller Hilfe «herunterholen» lassen wollen.

Über den Klang der Stimme kommunizieren
Sie Ihre ganze Persönlichkeit

▷ Wer sich lustlos fühlt, wird auch so klingen. Und umgekehrt: Wer ein klares Gesprächsziel hat, dessen Stimme wird klar und fest, und das hört der TP.

▷ Wer sich gut fühlt, wird freundlich klingen. Und umgekehrt: Wer gereizt ist, kann nicht freundlich auf andere wirken.

▷ Wer «genervt» ist, weil der Anrufer ihn bei einer schwierigen Aufgabe unterbricht, wird dies mit seiner Stimme auch mitteilen. Ihr TP kennt aber den Grund Ihrer Reaktion nicht, die negative Wirkung kann hier nicht durch Verständnis kompensiert werden. Deshalb sagen Sie lieber: «Sie haben mich gerade beim... (Kaffeetrinken!) gestört. Könnten Sie nicht in... nochmals anrufen. Oder ich rufe in circa... zurück, wenn Ihnen das recht ist.»

Sprechtempo

Wie schnell sprechen Sie? Zu schnell? Zu langsam? Könnten Sie Ihr Sprechtempo variieren, wenn Sie wollten? Zu schnelles Sprechen führt leicht zu Mißverständnissen und Mißtrauen (Wirkung: «Der will mich an die Wand reden.»). Wenn Sie also weit schneller sprechen als Ihr jeweiliger TP, dann kann er unter Umständen nicht mehr mitdenken. Und wenn er sich deshalb unwohl oder unsicher fühlt, wird er kaum geneigt sein, auf Ihre Belange einzugehen. Insbesondere auch Mitarbeiter in der Telefonzentrale großer Unternehmen sprechen die Firmenidentifikation dermaßen schnell (wobei sie auch Silben verschlucken), daß der Anrufer nicht weiß, ob er richtig verbunden ist. Schnelles Sprechen wirkt aber im allgemeinen intelligenter und kompetenter als ein zu langsamer Tonfall, aber: zu schnell ist für den Zuhörer (und Langsamdenker) unangenehm und birgt die Gefahr, daß etwas nicht verstanden wird. Zu langsames Reden wiederum läßt auf einen Mangel an Engagement und Überzeugung schließen. Sprechen Sie deshalb möglichst langsamer als Ihr TP. Ihre Stimme wirkt dann glaubwürdiger. Und: Lächeln Sie am Telefon, es überträgt sich auf Ihre Stimmung und Stimme. Lächeln kann man hören!

Wie Sie sich dem Sprechtempo Ihres TP anpassen können

► Spricht der TP sehr zögernd, passen Sie sich seinem Tempo an, beschleunigt er das Tempo, sprechen auch Sie schneller.

► Spricht Ihr TP viel langsamer als Sie, sollten Sie ihn nicht durch Ungeduld überfordern.

► Spricht Ihr TP jedoch viel schneller als Sie, dann koppeln Sie mehrmals rück, je langsamer Ihr eigenes Tempo im Vergleich zu seinem ist. Durch Rückkoppeln («Wenn ich Sie richtig verstanden habe...») stellen Sie sicher, daß Sie richtig verstehen. Ihr TP wird (unbewußt) das Tempo reduzieren.

Lautstärke
Sprechen Sie mit normaler Unterhaltungslautstärke (es sei denn, die Verbindung ist miserabel). Je deutlicher Sie artikulie-

ren, desto leiser können Sie sprechen. Vermeiden Sie es, direkt in die Muschel zu sprechen – auf diese Weise werden sogar Ihre Atemgeräusche mit übertragen!

Modulation
Monotones Sprechen erzeugt kein Interesse beim GP. Setzt man jedoch durch Heben und Senken der Stimme Akzente, erhöht das beim Zuhörer die Aufmerksamkeit. Mit kleinen Redepausen können Sie sogar Spannung schaffen.

► **Tip:**
Sprechen Sie so, daß Ihre Stimme angenehm wirkt: deutlich, natürlich, mittellaut, modulierend durch gezieltes Anheben und Senken der Stimme, den Rhythmus leicht variierend, strukturierend (durch passende kleine Pausen).

Psychologisches Vorgehen

Das Klingeln des Telefons ist beim Angerufenen zunächst einmal eine mögliche Störquelle, es unterbricht dessen Arbeitsablauf. Dabei weiß der Anrufer nicht, welche Tätigkeit er unterbricht (zum Beispiel Aktenstudium, Textformulierung, Diktat, Gespräch). Jedes Telefongespräch sollte daher mit dem Vorsatz geführt werden, ein angenehmes Klima zu schaffen. Dazu zählt eine freundliche Begrüßung ebenso wie das richtige Melden mit dem Namen des Unternehmens und dem eigenen Namen. Ein Telefongespräch muß mit unbedingter Selbstbeherrschung geführt werden. So soll ein aggressiver GP nicht durch einen noch lauteren Gesprächston, sondern durch überlegene Ruhe, Sachlichkeit und Freundlichkeit besänftigt werden. Vor allem darf der Ärger mit einem GP nicht auf den nächsten übertragen werden.

Wie Sie sich schwierigen Gesprächspartnern gegenüber verhalten

Eine Herausforderung am Telefon ist der tägliche Umgang mit schwierigen GP. Je weniger jemand über das Sozialverhalten, also den Umgang mit anderen, gelernt hat, desto stärker kann die Unsicherheit auf diesem Gebiet sein. Sie kann sich in feindseligem Verhalten ausdrücken, denn je unsicherer ein Mensch ist, um so eher wird er aggressiv reagieren. Häufig fühlen sich unsichere GP persönlich getroffen, angegriffen, ausgenutzt oder nicht ernst genommen. Und das wiederum zeigt ihre Abhängigkeit von den Gefühlen anderer. Reagieren Sie in jedem Fall gelassen, selbst in extremen Situationen. Im folgenden finden Sie einige Tips für den Umgang mit typischen Problemfällen.

Umständliche Telefonpartner

Wie können Sie von einem umständlichen TP möglichst schnell den Grund seines Anrufes erfahren beziehungsweise wie können Sie einem solchen TP Ihr Anliegen zügig vermitteln?

▷ Steigen Sie bei einem seiner Pausenfüller («äh», «öh», «ja… und…») gleich mit einer Frage ein: «Was kann ich für Sie tun?» «Wie kann ich Ihnen weiterhelfen?» Oder gewinnen Sie seine Aufmerksamkeit: «Ich benötige Ihre Mithilfe…»

Bei besonders umständlichen TP empfiehlt sich eine gezielte Frage («Handelt es sich um eine Bestellung oder um eine Lieferung?»). Verdrehen Sie nicht entsetzt die Augen (Ihr TP hört es!), sondern überzeugen Sie durch direktes Vorgehen.

Aggressive, grobe Telefonpartner

Aggressive Menschen provozieren gern, um sich abzureagieren. Damit verleiten Sie andere zu Fehlhandlungen und lenken vom eigenen Fehlverhalten ab. – Wie verhalten Sie sich geschickt gegenüber aggressiven TP?

▷ Selbstverständlich genau konträr, nämlich gelassen! Oberstes Gebot: Wenden Sie sich dem erregten Anrufer und seinem Anliegen sofort zu, und demonstrieren Sie Empathie. Ihr TP fühlt sich ernst genommen! Bleiben Sie ruhig und sachlich. Durch vermehrtes Fragen lassen sich die Emotionen des TP dämpfen.

▶ Beispiel: Angriff durch Anrufer

«Das ist ja ein ganz mieser Service, das ist ja unverschämt, Sie lassen mich hier stundenlang in der Leitung hängen...»

Falsche Reaktionen:
- «Das stimmt überhaupt nicht, es hat nur viermal geläutet.»
- «Ich habe ja schließlich noch was anderes zu tun.»
- «Laden Sie Ihre Wut doch woanders ab!»
- «Regen Sie sich nicht so auf, ich bin schließlich auch nur eine Angestellte.»
- Kommentarloses Einhängen.

Verbesserungsvorschläge:
Sagen Sie zum Beispiel: «Entschuldigung, bei uns ist heute besonders viel los. Was kann ich bitte für Sie tun?» «Entschuldigung, irgend etwas hat wohl nicht geklappt, aber jetzt bin ich ausschließlich für Sie da.»

Begründung:
Wenn Sie Sachliches von Persönlichem trennen, bleibt nur die Zeitnot des Anrufers übrig, und dort steigen Sie ein. Also: keine Beleidigung, Verteidigung, Belehrung, Schuldzuweisung und kein Fluchtverhalten (Einhängen). Zeigen Sie dagegen emotionale Stabilität. Sie demonstrieren damit Professionalität.

Dauerredner
Viele TP finden kein Gesprächsende. Es gibt aber auch auffällig

wenig TP, die gezielt einzugreifen vermögen. Alles kann man beobachten, entsetztes Augenkugeln und andere mimische Künste, Grimassieren und Gestikulieren, um der Umwelt zu verdeutlichen, daß man es mit einem Dauerredner zu tun hat. – Wie verhalten Sie sich gegenüber einem TP, der nicht nur ohne Unterbrechung spricht, sondern auch ständig dasselbe wiederholt?

▷ Steigen Sie bei einer Pause oder am Satzende blitzschnell in das Gespräch ein, und übernehmen Sie durch geschickte Fragetechnik die Gesprächsführung, zum Beispiel: «Darf ich bitte mal kurz zusammenfassen?» Nach einer kurzen Zusammenfassung können Sie dann höflich und bestimmt das Gespräch beenden.

Schnellredner

Schnelldenker sind oft auch Schnellredner. Sie unterscheiden sich von hektisch-unsicheren Schnellrednern dadurch, daß man sie versteht. Die nervösen Schnellredner verschlucken oft Endsilben oder nuscheln. In beiden Fällen müssen Sie genau aufpassen und sich ab und zu ein Stichwort notieren. Falls Sie etwas nicht verstehen, sagen Sie: «Entschuldigung, ich habe Ihr Argument nicht ganz verstanden.» Oder: «Könnten Sie das bitte wiederholen?» Machen Sie in jedem Fall deutlich, ob Sie inhaltlich nicht folgen konnten oder einfach deshalb, weil Ihr TP zu schnell gesprochen hat.

Arrogante Anrufer

Häufig sind arrogante Anrufer zutiefst verunsicherte Menschen, die sich bemühen, ihre Minderwertigkeitsgefühle zu verbergen. – Wie verhalten Sie sich einem arroganten Anrufer gegenüber?

▷ Wenn Sie mit ihm zurechtkommen wollen, halten Sie sich mit Tadel, Zweifel, Widerspruch oder ähnlichem zurück. Lassen Sie seine vermeintliche Überlegenheit ohne einen

Hauch von Mißtrauen gelten, und versuchen Sie, Ihr Gesprächsziel zu erreichen.

Achten Sie auf die Balance im Gespräch

Sie müssen zunächst erkennen, wann die Balance zwischen Ihnen und Ihrem GP verlorenzugehen droht. Mitunter müssen Sie zunächst einmal die Balance herstellen und für eine ausgewogene Gesprächssituation sorgen, zum Beispiel indem Sie einem aggressiven Anrufer gegenüber Ruhe bewahren, Verständnis zeigen, mit Freundlichkeit und Charme das Gespräch, insbesondere bei Reklamationen, in eine gewisse Ausgewogenheit bringen und Einwände besonders einfühlsam formulieren.

Ihre Aufgabe kann aber auch darin bestehen, den Dauerredner durch nüchterne, zielgerichtete Fragen zu lenken und durch präzise Bemerkungen zu bremsen.

Oder Sie bieten dem Unentschlossenen unauffällig Entscheidungshilfen an und ermutigen ihn zu konkreten Aussagen. Dadurch wird er insgesamt positiv gestimmt und gewinnt seine innere Balance zurück.

Eine gewisse Balance sollte auch im Gesprächsniveau angestrebt werden. Ein Jungunternehmer spricht anders als ein Vorstandsmitglied, ein Handwerksmeister spricht anders als eine Journalistin, die zur Zeit in einer Telefonzentrale jobbt. Es ist deshalb sehr wichtig, sich auf das Niveau des GP – sowohl fachlich als auch sprachlich – einzustellen. Achten Sie auch insbesondere dann auf die Balance in der Gesprächsführung, wenn Sie Ihrem GP gegenüber «höhergestellt» sind, und vermeiden Sie Dominanz. Ihr GP muß überzeugt sein, daß Sie das meinen, was Sie sagen. Ein gutes Gespräch ist Teamwork – ausgewogenes Geben und Nehmen – und nicht Rechthaberei, sondern Konsens und Kompromißbereitschaft sollten angestrebt werden.

Signalisieren Sie Einfühlungsvermögen

Indem Sie sich dem GP gegenüber einfühlsam verhalten beziehungsweise Empathie signalisieren, lassen sich viele unnötige Probleme vermeiden. Im folgenden finden Sie einige Beispiele der vielfältigen Möglichkeiten, Einfühlungsvermögen zu signalisieren.

Vermeiden Sie Unstimmigkeiten am Telefon
Viele TP
– neigen zu impulsivem Handeln, folgen also einem Impuls, ohne die Konsequenzen zu bedenken,
– argumentieren unüberlegt,
– neigen zu Mißverständnissen,
– verlieren das Gesprächsziel aus den Augen.

Die daraus resultierenden Unstimmigkeiten mit einhergehendem Ärger bringen auch eine destruktive Selbstbehinderung mit sich. Deshalb empfiehlt es sich, Unstimmigkeiten und einhergehenden unangenehmen Situationen entgegenzuwirken, zum Beispiel dadurch, daß man an das Verhalten des TP keine zu hohen Erwartungen knüpft und Dinge auch aus der Sicht anderer zu sehen lernt.

Konflikte abbauen
Zwischenmenschliche Beziehungen können immer auch Konflikte implizieren, die die Betroffenen temporär aus dem Gleichgewicht bringen. In der Regel sind sie von Unbehagen begleitet, weshalb die meisten Menschen versuchen, Konflikte zu vermeiden. Die Konfliktsituationen, die am Telefon entstehen, basieren häufig auf unüberlegtem Handeln, auf mangelnder Konzentration auf den GP und dessen Anliegen beziehungsweise auf dessen Interessen und auch auf unüberlegter Argumentation. Den daraus resultierenden Konflikten kann man partiell mit betontem Harmoniebedürfnis begegnen oder

sie offensiv angehen. Denn die gezielte Handhabung, das heißt der offensive Umgang, kann einen Konflikt in der Wirkung abschwächen. Konflikthafte Situationen am Telefon sollten auf jeden Fall geklärt, und nach Möglichkeit sollte dabei der Grundkonflikt angesprochen werden. Manchmal sind aber auch «faule» Kompromisse tragfähig. Das muß der einzelne im akuten Fall für sich entscheiden, indem er feststellt, ob durch den ungelösten Konflikt Spannungen das Gespräch belasten oder nicht.

Taktisch kluges Verhalten
Die Auskunft, der gewünschte Gesprächspartner sei gerade in einer wichtigen Besprechung und könne nicht gestört werden, degradiert das Anliegen des Anrufers zu etwas Unwichtigem. Der Anrufer könnte dies auch auf sich selbst beziehen. Taktisch klüger ist es in einem derartigen Fall, dem Anrufer zu signalisieren, daß man sich vergeblich bemüht habe, eine Verbindung herzustellen, aber der gewünschte Ansprechpartner im Augenblick nicht erreichbar sei. Gleichzeitig ist die Möglichkeit eines Rückrufs einzuräumen. In jedem Falle sollte dem Anrufer das Gefühl vermittelt werden, daß sein Anruf willkommen war.

Häufig kommt ein Anruf ungelegen
Manchmal kann schon der Zeitpunkt des Anrufs psychologisch bedeutsam sein. Wenn Sie also telefonische Kontakte knüpfen, die sich in der Folgezeit ausweiten sollen, dann rufen Sie am Anfang den Geschäftspartner zu verschiedenen Zeiten an, um herauszufinden, zu welcher Tageszeit es sich mit ihm am besten sprechen läßt.

Ein freundliches Wort zur rechten Zeit
wirkt oft Wunder
Unfreundlichkeit, Muffigkeit und Unhöflichkeit greifen verstärkt um sich. Freundlichkeit kann den Weg zum Gesprächs-

erfolg ebnen, weshalb man sich am Telefon darum besonders bemühen sollte.

Beantworten Sie ein nicht für Sie bestimmtes Telefongespräch und werden gefragt, ob Sie weiterverbinden können, dann sagen Sie nicht jedesmal: «Moment, ich verbinde weiter», sondern sagen Sie auch einmal: «Ja, gern.» Das ist zudem auch kürzer, und Sie beeindrucken gleichzeitig den TP (meistens unbewußt) durch Ihre Freundlichkeit.

Die persönliche Note zählt

Wichtig ist es vor allem auch, dem Gespräch eine persönliche Note zu verleihen. Dazu gehört, daß man sich zu Beginn mit deutlicher Namensnennung vorstellt und den GP auch namentlich anspricht. Die Begrüßung sollte im übrigen nicht nur abgespult werden, vielmehr sollte der GP dabei auch erkennen, daß er persönlich begrüßt wird. Umgekehrt kann man mit einer unfreundlichen Begrüßung signalisieren, daß einem der GP gleichgültig ist und daß man nur routinemäßig seinen «Job» erfüllt. Dies ist freilich in der Regel unvereinbar mit der Unternehmensphilosophie einer modernen Organisation: Der GP sollte prinzipiell den Status eines potentiellen Kunden innehaben und diesem Status angemessen von den Mitarbeitern behandelt werden.

Daß es neben den hier genannten noch viele weitere Aspekte gibt, ein Gespräch psychologisch zu beeinflussen, merken Sie am besten, wenn Sie sich einmal mit dem Verhalten beschäftigten, das Ihnen bei Ihren TP negativ auffällt.

Fokus: Verhalten aus psychologischer Sicht	
Problematisches Verhalten	**Empfehlungen zur Behebung**
Unfreundliche Begrüßung moderiert den Gesprächslauf von vornherein negativ.	Lächeln Sie, und begrüßen Sie Ihren TP mit seinem Namen.
TP wird nicht mit Namen angesprochen.	TP dosiert mit Namen ansprechen und damit dem Gespräch eine individuelle Komponente verleihen.
Gleichgültigkeit, Desinteresse, nüchterner Umgangston.	Interesse dokumentieren durch Verwendung gesprächsfördernder verbindlicher Worte wie «richtig», «gut», «gern» u. ä.
Negative Reaktion auf Kritik.	Kritik an Ihnen oder Ihrem Unternehmen durch Sachlichkeit entschärfen.
Gebrauch von Superlativen: Sie sind unglaubwürdig und verschleiern häufig Mängel.	Vermeiden Sie Übertreibungen (und falsches Deutsch) wie «baldigst» oder «schnellstens». Überzeugender sind präzise Angaben wie «am Montag» statt «baldigst».
Durch eine unzureichende Fragetechnik baut sich die Argumentation häufig auf bloße Behauptungen auf, und der TP wird nicht in das Gespräch einbezogen.	Aktivieren Sie das Gespräch mit Fragen, vor allem aber mit offenen Fragen.
Fehlende Entschuldigung bei einem Versäumnis, leicht durchschaubare Ausreden, das Vertuschen einer unangenehmen Sache.	Kommen Sie dem TP zuvor, und entschuldigen Sie sich gegebenenfalls für ein Versäumnis, um negativen Reaktionen vorzubeugen und eine gute Geschäftsbeziehung nicht zu gefährden.

Problematisches Verhalten	Empfehlungen zur Behebung
Wiederholte Hinweise auf Versäumnisse.	Hat der TP einmal etwas versäumt, belassen Sie es bei einem deutlichen Hinweis.
Schuldzuweisungen, Abwälzen von Verantwortung u. ä. deuten auf schlechtes Betriebsklima, aber auch auf persönliche Defizite in der Zusammenarbeit hin.	Machen Sie grundsätzlich nicht andere für Fehler verantwortlich; machen Sie anhand sachlicher Argumente Zusammenhänge deutlich, wodurch sich eine Schuldzuweisung erübrigt.
Aufforderungen des Anrufers, noch einmal anzurufen, weil der gewünschte Ansprechpartner nicht erreichbar ist.	In jedem Fall ist das Rückrufangebot das Mittel der Wahl; nur in individuellen Fällen sollte um einen erneuten Anruf gebeten werden.
Wutausbruch (z. B. Hinknallen des Hörers auf den Schreibtisch) bei unangenehmen TP.	Auf jeden Fall sollte die Contenance gewahrt werden.
Der TP wird ohne Zwischenmeldung in der Leitung «hängengelassen», wenn zum Beispiel eine Akte aus dem Nebenzimmer geholt werden muß.	Fragen Sie, ob der TP warten möchte, und geben Sie gegebenenfalls eine Zwischenmeldung.
Reklamationen o. ä. werden nicht ernst genommen.	Dem berechtigten Ärger eines Anrufers sollte mit Verständnis begegnet werden.
Das Telefon wird erst nach mehrmaligem Läuten beantwortet.	Nehmen Sie den Hörer möglichst sofort ab, und melden Sie sich mit einem Lächeln – Sie werden sehr schnell merken, daß die so begonnenen Gespräche gut verlaufen!

5 AUSGANGSPUNKT:
EINE GUTE ORGANISATION

Der Telefon-Profi plant aktive Anrufe

Den Zeitpunkt eines aktiven Telefonats können Sie selbst bestimmen und sich ausreichend vorbereiten. Vermeiden Sie Spontananrufe, vor allem wenn Sie nicht sicher sein können, den gewünschten Ansprechpartner auch zu erreichen. Ein kurzes Telefax ist oft effizienter, und das Anliegen läßt sich bei der nächsten aktiven Telefon-Phase miterledigen.

Sie wollen jemanden anrufen? – Stop!
▷ Merken Sie sich zunächst vor, wen Sie warum anrufen wollen.
▷ Führen Sie die bereits begonnene Tätigkeit zu Ende.
▷ Reagieren Sie ähnlich bei Ihrem nächsten «Telefonimpuls»: Stop!

Nehmen Sie sich später Zeit für eine Reihe von Anrufen (Kettenanrufe), und telefonieren Sie en bloc. Sie erreichen damit Ihre beste Form, denn mit jedem Anruf «wärmen» Sie sich für den nächsten auf!

Behandeln Sie Telefontermine wie «echte» Termine. Das heißt, bereiten Sie sich genauso sorgfältig auf wichtige Telefonate vor wie auf einen anderen Gesprächstermin. Außerdem kann durch rechtzeitigen Versand der für das Gespräch notwendigen Unterlagen an den gewünschten GP der reibungslose Gesprächsverlauf gesichert werden.

Wie Sie aktive Anrufe planen

▶ Telefonzeiten – Vorteilhaft ist es, täglich eine Telefonzeit festzusetzen, zu der alle notwendigen Anrufe en bloc erledigt werden. Der Zeitverlust durch das Nichterreichen eines GP kann dadurch minimiert werden, weil Sie sofort zum nächsten Telefonat übergehen können.
▶ Rufen Sie einen Geschäftspartner nicht wegen jeder Kleinigkeit an. Notieren Sie sich alles, was Sie mit einem bestimmten GP besprechen wollen, und handeln Sie alle Punkte in einem Gespräch ab.
▶ Erwähnen Sie beispielsweise in einem ohnehin fälligen Brief, wann Sie anrufen werden, damit sich der GP auf Ihr Anliegen vorbereiten kann.
▶ Vereinbaren Sie einen erneuten Anruf, wenn der GP nicht auf Ihr Anliegen eingehen kann, weil er unvorbereitet ist.

Sorgfältige Gesprächsvorbereitung

Das Telefon verleitet zu raschen Zusagen und Versprechungen. Durch sorgfältige Vorbereitung wichtiger Gespräche kann man daraus einen Vorteil ziehen gegenüber einem GP, der sich nicht gezielt auf das Gespräch vorbereiten konnte. Wie es dem ergehen kann, merken wir, wenn uns selbst ein Anruf unvorbereitet antrifft und spontane Zugeständnisse uns zu denken geben, sobald wir den Hörer aufgelegt haben. Wenn es um eine wichtige Angelegenheit geht, sollte man in jedem Falle, wenn man sich bei einem unerwarteten Anruf überfordert fühlt, den Mut aufbringen zu sagen: «Frau XYZ, entschuldigen Sie bitte, daß ich Sie unterbreche. Ich bin auf eine Entscheidung nicht vorbereitet, denn … Können wir in einer Stunde noch einmal telefonieren? Bis dahin habe ich mich informiert.» Oder: «Herr XYZ, ich merke, daß wir doch länger als eine Minute benötigen, um die Einzelheiten abzustimmen. Im Augenblick bin ich in Zeitdruck. Können wir das Gespräch heute nachmittag fortsetzen?»

Vorbereitet erreichen Sie mehr
▷ Stellen Sie sich vor jedem Gespräch die Fragen:
  1. Worum geht es? (Sache)
  2. Was soll erreicht werden? (Ziel)
  3. Wie soll das Ziel erreicht werden? (Vorgehen)
  4. Wer ist der richtige GP? (Ansprechpartner)
▷ Beschaffen Sie sich die notwendigen Informationen durch gezielte Rückfragen, Auswertung von Unterlagen und ähnliches.
▷ Berücksichtigen Sie Ihre Kompetenz bei möglichen Entscheidungen.
▷ Achten Sie auf ein störungsfreies Umfeld, insbesondere bei wichtigen Gesprächen, indem Sie Lärmquellen abstellen und eventuellen Störungen vorbeugen (Schild an die Tür mit «Bitte in den nächsten 15 Minuten nicht stören!»).

Überlegen Sie auch,
▷ wen Sie notfalls (bei Abwesenheit des gewünschten Ansprechpartners) vertretungsweise sprechen möchten,
▷ welche Nachricht Sie (bei Abwesenheit des gewünschten Ansprechpartners) hinterlassen möchten,
▷ wann Sie selbst bei erforderlichem Rückruf erreichbar sind.

Die schriftliche Gesprächsvorbereitung fixiert die gedankliche Strukturierung eines geplanten Gespräches
Selbst ein Telefon-Profi bereitet wichtige Telefonate schriftlich vor. Stichworte:
▷ **Betreff:** Der Anlaß des Anrufes sollte feststehen.
▷ **Einstieg:** Überlegen Sie sich einen guten Einstieg – in den ersten zehn Sekunden ist das Gespräch gelaufen (für oder

gegen den Anrufer): Wie beginne ich das Gespräch? Welchen Anknüpfungspunkt kann ich wählen?

▷ **Vorgehen:** Überlegen Sie sich, wie Sie Ihr Anliegen vorbringen, in welcher Reihenfolge Sie die einzelnen Punkte abhandeln, welche Argumente Sie beispielsweise bei Widerspruch seitens des GP einbringen. Alle Äußerungen sollten in direktem Zusammenhang mit dem angestrebten Ergebnis stehen.

▷ **Ziel:** Es ist wichtig, das Ziel eines Gespräches zu definieren und auch im Gesprächsverlauf explizit zu machen. Natürlich gibt es Anlässe, die es nahelegen, nicht allzu deutlich zu werden, doch in der Regel sollte man es tun und Einvernehmen darüber anstreben. Andernfalls kann es geschehen, daß die GP trotz ihres guten Willens gegeneinander arbeiten. Es gibt raffinierte Strategien, den GP vom Ziel abzulenken, etwa indem man ihn emotional aus der Balance bringt. Deswegen: Ziel stets vor Augen haben (auf dem Gesprächsvorbereitungszettel).

▷ **Schluß:** Was Sie am Schluß sagen, hat eine intensive Nachwirkung. Formulieren Sie deshalb positiv, so daß sich der GP zufrieden zurücklehnen kann. Ein Stichwort auf Ihrem Zettel verhindert unter Umständen, das Gespräch mit einer Verlegenheitsfloskel wie «Ich habe Ihre Zeit schon länger als beabsichtigt in Anspruch genommen» zu beenden.

Vielfach wird das erstrebte Ziel nicht erreicht, weil sich der Anrufer unzureichend oder gar nicht vorbereitet hat. Häufig kennen Sie Ihren TP nur oberflächlich und können auf seine Bedürfnisse nicht eingehen, weil Sie nicht zuhören können. Häufig verlieren Sie dadurch die Gesprächsführung, und das Gespräch endet, ohne daß Sie das gewünschte Ergebnis erreicht haben.

```
┌─────────────────────────────────────────────────────────┐
│                                                           │
│  MUSTER:   Formular «Gesprächsvorbereitung»               │
│                                                           │
│  GP: _____       │
│  Datum / Uhrzeit: _____        │
│  Betreff (zu behandelnde Punkte): _____        │
│  _____       │
│  Einstieg: _____        │
│  Vorgehen: _____        │
│  _____       │
│  Ziel: _____        │
│  Schluß: _____        │
│                                                           │
└─────────────────────────────────────────────────────────┘
```

Die meisten Telefonate drehen sich um den Verkauf eines Produkts oder einer Dienstleistung. Die entscheidenden Phasen der Vorbereitung und Durchführung eines Verkaufsgespräches veranschaulicht das folgende Beispiel. Wie Sie dieses Beispiel in die Praxis umsetzen, hängt von Ihrem Arbeitsgebiet und Geschick ab. Beispiel:

▷ **Daten und Dokumentationsbereitschaft:** Vor Gesprächsbeginn müssen alle Daten und Unterlagen, die im Verlauf des Gespräches wichtig werden könnten, geordnet vorliegen. Bevor man anruft, sollte man diese Unterlagen noch einmal durchsehen. Gleichzeitig sollte auch bedacht werden, welche Unterlagen der GP für das Gespräch benötigt.

▷ **Festlegen der Motivationsstrategie:** Alle voraussichtlichen Motivationsmöglichkeiten sind zu prüfen. Dabei ist auch zu überlegen, in welcher Phase des Gespräches motivierende Elemente eingesetzt werden sollen.

▷ **Verbale Aufbereitung des Angebotes:** Das Angebot muß wortstark aufbereitet werden. Zu bedenken ist, daß Sie am Telefon alle Vorteile des Angebotes allein mit sprachlichen Mitteln transparent machen müssen.

▷ **Vorbereitung auf Einwände:** Sie sollten sich nicht nur die eigene Argumentation zurechtlegen, sondern auch bedenken, wie Sie Einwänden wirksam begegnen können. Legen Sie sich neben der Angriffs- auch eine Verteidigungsstrategie zurecht, und überprüfen Sie, wie weit Sie mit Zugeständnissen gehen dürfen.

▷ **Prüfung von Argumenten und Gegenargumenten:** Alle Argumente und Gegenargumente, die Sie während des Telefonats einsetzen wollen, sollten Sie sammeln, notieren und sichtbar während des Telefonierens vor sich haben.

▷ **Verweisen auf Referenzen:** Sie sollten Referenzen bereithalten, um aus ihnen im geeigneten Augenblick zitieren zu können.

▷ **Zusammenfassung aller Vorteile:** Kurz vor der Abschlußfrage sollten Sie alle Vorteile, die das Angebot bietet, noch einmal kurz und schlagwortartig zusammenfassen.

▷ **Der Abschluß als Höhepunkt:** Auch bei Geschäften, die sich per Telefon abschließen lassen, müssen Sie während jeder Gesprächsphase zur Abschlußfrage bereit sein. Sobald Sie merken, daß Ihr GP abschlußbereit ist, müssen Sie reagieren.

▷ **Vielen Dank:** Bedanken Sie sich nicht nur dann, wenn der Abschluß gelungen ist. Der GP hat Ihnen seine Zeit zur Verfügung gestellt, und schon das ist des Dankes wert.

▷ **An die Zukunft denken:** Alle Verkaufstelefonate – ganz gleich, ob sie erfolgreich sind oder nicht – schließen die Möglichkeit einer erneuten Kontaktaufnahme ein.

Allgemeines zur Gesprächsvorbereitung

▶ Legen Sie funktionstüchtiges Schreibzeug zurecht. – Die Suche nach Schreibzeug beim Telefonieren ist nicht nur kostspielig, sondern verärgert den GP, denn er kann «Ihr Suchen» hören, und er spürt, daß Ihre Konzentration nicht voll auf das Gespräch gerichtet ist.

▶ Beendigen Sie eine laufende Unterhaltung. Durch Weitersprechen nach Abnehmen des Hörers signalisieren Sie schlechte Umgangsformen.

▶ Leeren Sie Ihren Mund, bevor Sie den Hörer abnehmen. Kaugummi, Kekse und dergleichen «hört» man immer wieder bei GP – auch das deutet auf schlechte Umgangsformen.

▶ Schalten Sie störende Hintergrundgeräusche aus. Eine Geräuschkulisse ist besonders störend für Ihren GP, denn er hört die Geräusche unter Umständen lauter als Sie selbst.

▶ Konzentrieren Sie sich auf das Telefonat. Richten Sie Ihre Aufmerksamkeit ausschließlich auf den TP, sonst vermitteln Sie einen nervösen oder hektischen Eindruck, weil Sie tatsächlich desinteressiert sind.

Spezielles zur Gesprächsvorbereitung

Stellen Sie sich vor dem Telefongespräch folgende Fragen:

▶ Welches Gesprächsziel strebe ich an?
  - Was will ich vom GP erfahren?
  - Welche Informationen will ich ihm geben?
  - Welche Einstellung will ich verändern?
  - Was soll der GP nach dem Telefonat tun?
▶ Welche Unterlagen benötige ich für das Gespräch?
▶ Wer ist mein GP, was muß ich besonders beachten?
  - Welche Bildungsvoraussetzungen bzw. welchen Kenntnisstand hat er?
  - Welche Ziele und Interessen wird er verfolgen?
  - Wie kann ich auf welche Einwände reagieren?
  - Wann ist die günstigste Zeit für ein Gespräch?
▶ Wie gehe ich im einzelnen vor?

Beachten Sie günstige Telefonzeiten

Bevor Sie zum Hörer greifen, bedenken Sie auf jeden Fall, ob die Zeit für einen Anruf günstig und ob der gewünschte GP erreichbar ist. Ein Außendienstmitarbeiter ist beispielsweise am ehesten morgens oder am späten Nachmittag am Arbeitsplatz.

► **Tip:**
Fertigen sich eine Liste mit den Zeiten an, zu denen Ihre häufigsten GP telefonisch am ehesten erreichbar sind.

Besonders häufig wird telefoniert:
- vormittags zwischen 9.15 Uhr und 10.45 Uhr
- nachmittags zwischen 14.30 Uhr und 15.45 Uhr

▷ Morgens bis mittags: Wenn Sie Ihre aktiven Anrufe zwischen 10.45 Uhr und 12.30 Uhr beziehungsweise zwischen 13.00 Uhr und 14.30 Uhr legen, erreichen Sie Ihren GP sicher am ehesten.

▷ Nachmittags bis abends: Ob Sie den gewünschten GP nach 15.45 Uhr erreichen, hängt sicher von seiner Funktion und vom Unternehmen ab. Im öffentlichen Dienst ist diese Zeit ungünstig. Bei Selbständigen, Verlagen, Werbung und bei Funktionsträgern in der Wirtschaft sind Anrufe bis ca. 19.00 Uhr erfolgreich.

▷ Erreichbarkeit an Wochentagen: Montagvormittag und Freitagnachmittag sind sehr ungünstig für Anrufe, da diese Wochentage häufig zur Verlängerung des Wochenendes genutzt werden.

▷ Wenn Sie einen GP privat erreichen wollen: Halten Sie sich an die Regeln der Höflichkeit, das heißt nur in äußerst dringenden Fällen zwischen 13.00 und 15.00 Uhr (z. B. am Sonnabend) oder nach 20.00 Uhr, keinesfalls vor 8.00 Uhr anrufen.

Günstige Telefonzeiten

- Ärzte: 8.30 – 9.30, 13.00 – 15.00, 19.00 – 20.00
- Einzelhandel: 8.30 – 10.00, 14.30 – 15.30, 19.00 – 20.00
- Großhandel: 8.00 – 11.00, 14.00 – 15.30
- Handelsvertretungen: 8.00 – 9.30, 17.30 – 20.00
- Industrie: 8.30 – 11.00, 14.30 – 16.00
- Handwerker: 7.00 – 9.00, 16.00 – 18.00
- Rechtsanwälte: 8.00 – 9.00, 14.00 – 16.30

Steuern Sie Rückrufe

Welche Nachteile haben Rückrufe für Sie?
▷ Sie können den Zeitpunkt eines Rückrufs nicht selbst bestimmen, was die Voraussetzungen, das Gespräch aktiv zu führen, einschränkt.
▷ Sie werden unter Umständen bei einer wichtigen Tätigkeit gestört.
▷ Sie müssen (bei schlechter Organisation) nach Unterlagen suchen, so daß Ihre Konzentration nicht hundertprozentig dem GP gelten kann.

**Was Sie bei der Verabredung von Rückrufen
bedenken sollten**
Versprochene Rückrufe gehen selten zur angegebenen Zeit oder innerhalb der versprochenen Zeitspanne ein. Sagen Sie, wann Sie wieder anrufen wollen (wenn kein Rückruf angeboten wird), oder fragen Sie, wann ein erneuter Anruf erfolgreich sein könnte.

Beobachten Sie sich selbst – und Sie werden feststellen:

▷ Je geringer der Aufwand ist, die gewünschte Information einzuholen, die der andere von Ihnen will, desto bereitwilliger rufen Sie zurück.

▷ Je seltener ein bestimmter GP Sie telefonisch stört, desto bereitwilliger werden Sie wieder mit ihm sprechen wollen.

▷ Wenn der Anrufer einen Zeitpunkt für den Rückruf vorschlägt und diese Bitte begründet, werden Sie eher geneigt sein, erneut anzurufen.

▷ Wenn Sie erkennen können, worum es geht, und wenn das jeweilige Anliegen für Sie ebenfalls relevant ist, erhöht sich die Wahrscheinlichkeit eines Rückrufs ebenfalls.

Bedenken Sie deshalb, wenn Sie um Rückruf bitten:

▷ Je geringer der Aufwand ist, eine Information zu beschaffen, die Sie von Ihrem GP benötigen, desto geringfügiger wird die Unterbrechung des Arbeitsablaufes im Falle eines Rückrufs sein.

▷ Je verbindlicher Sie sich der Person gegenüber zeigen, die Ihre Nachricht weitergeben soll, desto wahrscheinlicher wird sie Ihre Bitte um Rückruf auch tatsächlich (exakt) weitergeben.

▷ Versuchen Sie den Zeitpunkt des Rückrufs selbst zu bestimmen, zum Beispiel: «Ich muß jetzt gleich aus dem Haus, bin aber etwa um ... zurück. Meinen Sie, daß Herr/Frau ... mich dann zurückrufen kann?»

▷ Sagen Sie – wenn irgend möglich – der Mittelsperson bereits, weshalb Sie den gewünschten GP sprechen möchten. Unter Umständen provoziert der Anlaß einen prompten Rückruf.

▷ Erhalten Sie den Rückruf außerhalb der verabredeten Zeitspanne (und werden womöglich bei einer wichtigen Tätigkeit gestört), sollten Sie trotzdem mit Gelassenheit reagieren.

Grundsätzlich sollten erbetene und versprochene Rückrufe auch eingehalten werden. Diejenigen, die sich generell nicht an diese Regel halten, werden früher oder später – meistens zu Recht – als unzuverlässig klassifiziert. Weisen Sie Vorgesetzte oder Mitarbeiter rechtzeitig auf versprochene Rückrufe hin, und fassen Sie gegebenenfalls nach.

Empfehlungen für die Bitte um Rückruf

► Wenn Sie um einen Rückruf bitten:
- Nennen Sie einen Grund (Stichwort) für den Rückruf, damit sich beide Gesprächspartner auf den Gesprächsgegenstand einstellen können (z. B. «Bitte richten Sie Herrn ... aus, er möge mich am ... wenn er aus Malaysia zurück ist, anrufen. Sagen Sie ihm ‹Stichwort XYZ›. – Dann weiß er sofort, worum es geht.»).
- Wenn sich ein anderer Teilnehmer als der gewünschte GP meldet, ist es nicht sinnvoll, an diese Person einen Auftrag zu erteilen (z. B. «Legen Sie Herrn ... bitte einen Zettel hin ...», «Richten Sie Herrn ... bitte aus, daß ...»). Sagen Sie statt dessen: «Herr ... hat mich gebeten, ihn anzurufen» oder «Frau ... erwartet meinen Anruf.»
- Rufen Sie gegebenenfalls noch einmal an, bevor der gewünschte GP selbst zurückruft.

► Wenn Sie um einen Rückruf gebeten werden:
- Notieren Sie den vereinbarten Rückruftermin im Kalender, um ihn nicht zu vergessen.
- Geben Sie einen Zwischenbescheid, wenn Sie den vereinbarten Termin nicht einhalten können, oder beauftragen Sie einen Mitarbeiter damit.
- Lassen Sie sich die Durchwahlnummer des Teilnehmers geben.

Terminvereinbarung am Telefon

Wenn sich Terminwünsche mit Sicherheit nicht erfüllen lassen, so sollte man das unumwunden sagen, dem Geschäftspartner aber zugleich signalisieren, daß man um eine annehmbare Alternative bemüht ist. Dazu ist meistens eine Unterbrechung des Telefongespräches notwendig. Sie sollte möglichst kurz sein. Kann man dem Kunden nicht entgegenkommen, so sollte man trotzdem nicht versäumen, alle anderen Vorteile, die man zu bieten hat, noch kurz ins Gespräch zu bringen, denn mitunter spielen die Konditionen eine größere Rolle als der Termin selbst.

**Empfehlungen für die erfolgreiche
Terminvereinbarung**

1. Schlagen Sie mindestens zwei Termine zur Auswahl vor.
   Beispiel: «Wir könnten Ihnen am Mittwoch um 15 Uhr oder am Donnerstag um 11 Uhr alle Vorteile dieses Software-Programms vorstellen. Sie haben die Wahl.»
2. Geben Sie die Gesprächsdauer möglichst genau an (und halten Sie diese auch ein).
   Beispiel: «In 30 Minuten erfahren Sie Einzelheiten über unsere Kursinhalte.»
3. Wecken Sie Interesse an einem Produkt, indem Sie eine bestimmte Eigenschaft hervorheben.
   Beispiel: «Produkte mit dieser Eigenschaft sind besonders für Kunden interessant, die wie Sie bereits XYZ verwenden.» Sie können Ihren Umsatz damit bedeutend steigern.
4. Erreichen Sie gezielt eine Terminvergabe, indem Sie Ihre Gesprächspartnerin (Sekretärin) angemessen behandeln.
   Beispiel: «Da Sie den Terminkalender von Herrn… führen, können Sie bestimmt feststellen, ob ein Gespräch noch in diesem Jahr möglich ist.»
5. Bestätigen Sie eine Terminvereinbarung durch Wieder-

holung (und ggf. durch eine schriftliche Bestätigung), damit der Termin auch für Ihren GP verbindlich wird.

Einen spontanen Besuchstermin zu bekommen ist mitunter nicht ganz einfach. Möglichkeiten des Einstiegs:

▶ **Beispiele**

1. «Herr ist am ... in Ihrer Nähe und wollte zu Ihnen kommen, um ... zu besprechen.»
2. «Kann Herr ... am ... um 11.30 Uhr in Ihr Büro kommen? Er benötigt ca. 30 Minuten, um Ihnen unser neues XY-Verfahren zu präsentieren.»
3. «Frau ..., weil Ihnen unsere Software hilft, Zeit bei Ihrer Abrechnung zu sparen, sollten Sie gemeinsam mit Herrn ... die einzelnen Vorteile kennenlernen. Was halten Sie davon?»
4. «Herr ... kommt, wann Sie es am besten einrichten können. Er kann sich nach Ihren Kapazitäten richten.»
5. «Wann könnte Frau ... Sie besuchen? Könnten Sie mir bitte sagen, ob Herr ... noch im Laufe des Monats freie Kapazitäten hat?»
6. «Bei seinem Besuch kann Ihnen Herr ... genau kalkulieren, wie sich der Einsatz von ... auf die Kosten auswirkt.»

Plump wäre dagegen: «Selbstverständlich bestimmen Sie, wann Sie alles über das XY-Verfahren kennenlernen wollen – am Freitag um 12 Uhr oder lieber schon morgen um 10 Uhr?» Mögliche Reaktion: «Noch lieber überhaupt nicht!»

6 WAS SIE BEIM TELEFONGESPRÄCH BEACHTEN SOLLTEN

Wer zum Telefonhörer greift, erwartet von dem gewünschten GP eine freundliche Reaktion auf das jeweilige Anliegen. Er erwartet präzise Informationen, sachliches Vorgehen und ein gewisses Engagement. Die Erfüllung der eigenen Erwartungen hängt meist davon ab, ob und inwieweit man den Erwartungen des GP gerecht wird. Darum ist es sinnvoll, sich dessen grundsätzliche Erwartungen zu vergegenwärtigen und sich in die Lage des anderen hineinzuversetzen.

Welche Erwartungen Anrufer und Angerufener haben (teilweise sind diese austauschbar)	
Angerufener	**Anrufer**
– freundliche Begrüßung – mit richtigem Namen angesprochen zu werden – Sozialkompetenz – sachliche Information – Empathie – Eingehen auf individuelle Belange – dialektfreies Sprechen – deutliches, nicht zu schnelles Sprechen	– freundliche Reaktion – Höflichkeit – Respektierung von Person und Funktion – wahrheitsgemäße Angaben – Aufgeschlossenheit – angemessene Auskunft – schnelle Erledigung eines Anliegens

Worauf es beim ersten Eindruck ankommt

Obwohl sich Beurteilungen «auf den ersten Eindruck hin» häufig als falsch erweisen, prägen der erste Eindruck und die ersten Worte eines TP zum großen Teil den weiteren Verlauf des Kontaktes. Umgekehrt erhält Ihr TP einen ersten Eindruck von Ihnen, wenn er Sie anruft: Ist Ihre Stimme freundlich, ansprechend, entgegenkommend, oder erhält der Anrufer den Eindruck zu stören? Sind Sie bereit, sich seinem Anliegen zu widmen?

**Darauf kommt es beim ersten Eindruck
am Telefon grundsätzlich an:**

Keine zu langen Wartezeiten

Das Telefon darf nicht öfter als dreimal klingeln, bis sich der Teilnehmer meldet.

Häufig kommt eine Vereinbarung nicht zustande, weil der potentielle Kunde den Teilnehmer nicht erreichen konnte. Empfehlenswert ist es, den Hörer zwischen dem zweiten und dritten Klingeln abzunehmen. Untersuchungen zeigen, daß bei Anrufern etwa nach dem fünften (vergeblichen) Klingeln ein negatives Bild vom Teilnehmer entsteht. Man vermutet, die jeweiligen Mitarbeiter seien ineffektiv, nicht engagiert und desinteressiert (was natürlich durchaus zutreffen kann). Nach dem sechsten Klingeln legen demzufolge viele Anrufer wieder auf; eine erneute Kontaktaufnahme findet unter Umständen nicht mehr statt. Deshalb: Nehmen Sie den Hörer so schnell wie möglich ab, wenn Ihr Telefon klingelt.

Zu überlegen ist, ob bei Aufzeichnung der Teilnehmernummer eines nicht angenommenen Anrufs ein Rückruf in jedem Fall erfolgen sollte. Beispiel: Jemand ruft bei einem Immobilienhändler an. Der Teilnehmer nimmt nicht ab. Der Anrufer hat bereits den nächsten Händler kontaktiert und ein im Resultat positives Gespräch geführt. Kaum hat er aufgelegt, ruft ihn ein Sachbearbeiter des zunächst angerufenen Händlers an – unter Umständen paßt dies dem Anrufer nicht, vielleicht auch, weil aus dem ursprünglich aktiven Telefongespräch ein passives geworden ist!

Die eigene Vorstellung
Verschiedene Positionen verlangen auch verschiedene Antworten am Telefon:

Sie sitzen an der Rezeption eines Unternehmens:
▷ Täglich gehen viele Anrufe ein, und Sie melden sich mit Ihrem Namen und dem Firmennamen und einem – je nach Tageszeit – freundlichen «Guten Tag». Dann sollten Sie eine kurze Pause (ca. zwei Sekunden) machen und fragen: «Wie kann ich Ihnen weiterhelfen?»

Sie sind Mitarbeiterin in einer Abteilung eines großen Unternehmens:
▷ Ihre Anrufe werden von der Zentrale durchgestellt. Sie nennen Ihren Namen und Ihre Abteilung. Um Engagement zu zeigen, sollten Sie auch fragen: «Wie kann ich Ihnen weiterhelfen?»

Sie sind im Management tätig:
▷ Anrufer wollen Sie in der Regel persönlich sprechen – es reicht, wenn Sie sich mit Ihrem Namen melden.

In allen nicht deutlich zu unterscheidenden Fällen gilt:
▷ Mitarbeiter nennen bei Anrufen von außerhalb deutlich den Namen des Unternehmens, gefolgt vom eigenen Namen.
▷ Mitarbeiter nennen nur dann ihren Vornamen, wenn im

Unternehmen mehrere Mitarbeiter gleichen Namens tätig
sind.

▷ Tabu ist, sich an einem Unternehmensanschluß mit «Ja,
bitte» oder «Hallo» zu melden.

▷ Der Anrufer muß erkennen können, daß er den gewünschten Teilnehmer erreicht hat.

▷ Für hausinterne Telefonanrufe genügt es, wenn Sie sich lediglich mit Ihrem Namen melden (dies setzt die Unterschei-
dungsmöglichkeit zwischen hausinternen und externen
Anrufen voraus, z. B. durch ein optisches Signal an der Telefonanlage).

▷ Beim aktiven Telefonieren muß sich der GP auf den Anruf
einstellen. Er muß «umschalten». Das bedeutet, daß der genannte Name des Anrufers beim ersten Mal «nicht ankommt» oder nicht richtig verstanden wird. In diesem Fall
ist der Name zu wiederholen oder zu buchstabieren.

▷ Grundlage und Voraussetzung für den Aufbau einer trag-
fähigen Beziehung zum GP ist die gegenseitige Identifizierung durch die Namensnennung. So prägt sich der Anrufer
beim Angerufenen ein: «Guten Morgen, Taxona KG, Mustermann am Apparat, Detlef Mustermann. Ich rufe an wegen…». Oder: «Guten Tag, Frau Leistner, hier ist Taxona KG,
mein Name ist Mustermann…» Die Nennung des Vorna-
mens rechtfertigt die Wiederholung des Nachnamens. Den
Vornamen am Telefon zu nennen ist – wie erwähnt – überflüssig. Wenn Sie sich am Apparat eines Mitarbeiters melden: «…Mustermann Apparat von Herrn XYZ.»

Verwenden Sie das Buchstabieralphabet

▷ Einen schwierigen Namen sollten Sie buchstabieren können. Bieten Sie Ihrem GP an, den Namen (oder auch einen
schwierigen Begriff) zu wiederholen oder zu buchstabieren.
Hierbei sind die Buchstabiertafeln nützlich. Und so gehen
Sie vor: «Mein Name ist Campala – Cäsar-Anton-Martha-

Paula-Anton-Ludwig-Anton.» Bei häufigen Auslandsge-
sprächen sollten Sie das internationale Buchstabieralphabet verwenden, um sicherzustellen, daß der Unternehmensname und Ihr Name verstanden werden.
▷ Fragt ein GP wiederholt «Wie bitte?» oder «Mit wem spreche
ich?», stimmt Ihre Meldung nicht.
▷ Wenn Sie den Namen Ihres GP nicht verstanden haben, bitten Sie ihn, den Namen zu wiederholen oder zu buchstabieren.

Der richtige Gruß
Der Gruß «Guten Morgen» kann bis ca. 10 Uhr verwendet werden. Mit «Guten Abend» sollte nicht vor 18 Uhr gegrüßt werden. Dazwischen ist «Guten Tag» üblich oder – in Süddeutsch-
land «Grüß Gott» (zu jeder Tageszeit).

Die ersten beiden Silben
Sie werden in der Regel nicht oder nur halb gehört, denn der
Anrufer benötigt einen Augenblick, um sich auf die Stimme
einzustellen. Je besser Sie den Anrufer kennen, um so schneller
können Sie sich auf ihn einstellen. Nehmen Sie bei einem
Durchwahlapparat eines größeren Unternehmens ab, weiß der
Anrufer oft nicht, wer sich melden wird. Deshalb ist es sinnvoll,
erst zu grüßen und dann den Namen zu sagen: «Guten Tag,
Mustermann.» In manchen Fällen besser: «Guten Tag, hier
spricht Mustermann.» Dann hat der Anrufer eine größere
Chance, Ihren Namen wirklich zu verstehen. Je kürzer Ihr
Name ist, um so schwerer verständlich ist er. Kurze Namen
sollten deshalb besonders deutlich gesprochen werden.

▶ **Tip:**
Antworten Sie engagiert, wenn Sie den Hörer abnehmen, denn damit präsentieren Sie Ihr Image (und das Ihres Unternehmens) –
positiv und optimistisch!

Der Einstieg entscheidet

Der erste Satz eines Telefonats muß gut überlegt sein, weil er neugierig auf die Fortsetzung des Gespräches machen soll. Dieser Satz ist gut, wenn Sie dem TP damit bei Gesprächsbeginn je nach Situation sofort

- eine Tatsache eröffnen, die ihn ganz besonders interessiert, so daß er mehr von Ihnen erfahren will;
- ein Problem abzunehmen versprechen, das ihn intensiv beschäftigt;
- an einer Frage Interesse zeigen, die er sich selbst schon häufig gestellt hat;
- erkennen lassen, daß Sie seine Probleme nachvollziehen können;
- durch Ihr Verständnis Sympathie vermitteln;
- Eigenschaften Ihrer Produkte erwähnen, die besonders gefragt sind.

Eine Gesprächseröffnung gelingt auch dann besonders gut, wenn man mit dem Gespräch an eine vorangegangene Aktion anschließen oder darauf Bezug nehmen kann. Es gibt aber auch noch andere Möglichkeiten des Einstiegs:

- ▷ Machen Sie dem Angerufenen ein Kompliment: «Ich habe auf der CeBIT von Ihnen gehört und würde mich freuen, Informationsmaterial über … / … Sie einmal persönlich …»
- ▷ Erinnern Sie an etwas Gemeinsames: «Vor etwa drei Monaten traf mein Chef, Herr XYZ, Sie während der Messe in … Sie hatten gemeinsam festgestellt, daß …»
- ▷ Erwähnen Sie ein Ereignis, das den Angerufenen interessieren könnte: «Unsere letzte Aussendung war ein besonderer Anlaß für unsere Kunden, weil …»

Die Eröffnung eines Telefongespräches bestimmt häufig auch seine Länge.

► **Beispiele**

- «Guten Morgen, Frau Drescher, wie geht es Ihnen?» (offene Frage) ist quasi eine Einladung zum Plaudern, zu einem längeren Gespräch über Familie, Urlaub, aktuelle Ereignisse und ähnliches.

- «Guten Morgen, Frau Drescher, ich benötige dringend einige Informationen – haben Sie eine Minute Zeit?» (geschlossene
Frage) garantiert dagegen ein kurzes Telefonat und erleichtert es
unter Umständen Ihrem GP (wenn er sich gerade in eine längere
Arbeit vertieft hat), auf Ihr Problem einzugehen.

Die Gesprächseröffnung

Bei der Gesprächseröffnung muß der Angerufene innerhalb der ersten
10 bis 20 Sekunden vier Dinge erkennen bzw. entscheiden können:
► Wer ist der Anrufer?
► Was will der Anrufer?
► Ist sein Anliegen wichtig für mich?
► Habe ich jetzt Zeit für dieses Gespräch?

Wie können Sie Ihr Unternehmen einem bisher unbekannten Gesprächspartner vorstellen?

Prägen Sie sich eine Formulierung ein, die dem GP kurz vermittelt, welches Unternehmen Sie vertreten.

► **Beispiele**

- «Wir sind ein international tätiges, in unserer Branche führendes
Produktions- und Vertriebsunternehmen im hochwertigen Gerä-
tebereich der Verschraubungstechnologie mit dem weltweit größten Programm.»

- «Im Bereich Automobiltechnik entwickeln und fertigen wir auf höchstem Niveau für unsere weltweiten Kunden Kleb- und Dichtstoffe sowie ...»
- «Bei uns werden Ideen im Team und gemeinsam mit dem Kunden entwickelt und umgesetzt. Als eines der weltweit führenden Beratungsunternehmen unterstützen wir unsere Kunden mit einem integrierten Beratungsansatz bei der erfolgreichen Bewältigung von Veränderungsprozessen. Bei zweistelligen Wachstumsraten und 51 000 Mitarbeitern ...»
- «Wir sind ein international erfolgreiches Unternehmen, das hochspezialisierte Software für unsere Kunden weltweit entwickelt und vertreibt.»
- «Unser mittelständisches Unternehmen mit Sitz im Großraum Nürnberg ist ein Begriff für Wissen, Können und Erfahrung auf dem Gebiet der Getriebe- und Verzahntechnik.»

Strukturiert telefonieren heißt überlegt telefonieren

Erfolgreiche Telefonate setzen drei ineinandergreifende Denkprozesse, die (anstehende) Sache, das (erwünschte) Ziel und die (entsprechende/angemessene) Vorgehensweise betreffend, voraus:

▷ **Sachanalyse:** Worum geht es?
- Voraussetzung: Sachkompetenz.

▷ **Zielanalyse:** Welche Ergebnisse sollen erzielt werden?
- Maximalziel? Minimalziel? Welches Ergebnis wäre nicht akzeptabel? Was kann dem GP zugemutet werden? Was kann er vermutlich nicht akzeptieren? Wo liegen die beiderseitigen Interessen? Wo bilden Überschneidungen der Interessen eine tragfähige Grundlage für Kompromisse?

▷ **Argumentationsanalyse:** Wie soll das angestrebte Gesprächsziel erreicht werden? Welche argumentativen Schritte sind angezeigt, ratsam, notwendig, unbedingt zu vermeiden?

– Ist sichergestellt, daß auf jeden Fall eine qualitativ aufbauende Argumentationskette durchgehalten werden kann? Mit welchen Gegenargumenten ist zu rechnen? Wie ist darauf zu reagieren? Direkt, indirekt, überhaupt nicht?

– Ist sichergestellt, daß die eigene Argumentation stets die Sache, nicht aber die Person des GP betrifft?

Bei einem Telefongespräch müssen also nicht nur die Sachebene (= Was?) und die Beziehungsebene bedacht werden, sondern auch das Wie, also der Kommunikationsstil. Die umfassende inhaltliche und verfahrensmäßige Analyse beugt der nie auszuschließenden Gefahr vor, der Eloquenz des GP zum Opfer zu fallen, also am Ende des Telefonats mit einem Gesprächsergebnis dazustehen, an das sich das Gefühl knüpft, überrumpelt oder ganz und gar ausgetrickst worden zu sein. Gleichzeitig gerät man so weniger in Gefahr, vom GP mehr zu erwarten oder zu verlangen, als dieser aufgrund seiner situativen Einbindung zu leisten in der Lage ist. Überzogene Zielvorstellungen – und nur einseitig durchdachte sind das zumeist – können ein Telefonat mißlingen lassen und auch eine Geschäftsbeziehung im ganzen negativ beeinflussen.

**Ein Gespräch läßt sich mit Hilfe
der AIDA-Formel strukturieren:**

A = Attention Der Einstieg muß Aufmerksamkeit erregen.

I = Interest Der Anlaß des Telefonats muß Interesse wecken.

D = Desire Der Anrufer muß durch das Gesagte beim Angerufenen den Wunsch wecken, mehr zu erfahren.

A = Action Der Anruf muß den Angerufenen zum Handeln
veranlassen, dem Anrufer zu antworten beziehungsweise auf den Anlaß des Gespräches einzugehen.

In welchen Phasen verläuft ein Telefongespräch?

Der Ablauf von Telefongesprächen ist von verschiedenen Faktoren abhängig. Es lassen sich jedoch bestimmte Phasen unterscheiden, die in fast jedem Telefonat auftreten.

▶ **Beispiel: Systematischer Aufbau
eines Verkaufsgespräches**

1. Vorstellung / Begrüßung
  - Freundliche Begrüßung (GP freundlich mit Namen anspre-
chen).
  - Sich vorstellen (zum Beispiel Unternehmen, Ort, Abteilung,
Name, Funktion).

2. Aufhänger / Einstieg
  - Wecken Sie das Gesprächsinteresse (Fragen Sie sich: Warum
soll der Angerufene Zeit in das Gespräch investieren?).
  - Stellen Sie das eigene Unternehmen kurz dar.
  - Bezug nehmen, zum Beispiel auf Messebesuch.
  - Stellen Sie ein Partnerverhältnis her.

3. Angebot
  - Stellen Sie beispielsweise den Bedarf an XYZ fest.

- Unterbreiten Sie einen konkreten Vorschlag.
- Führen Sie maximal drei Verkaufsargumente an.

4. Vereinbarung

- Vereinbarung treffen (Termine, Angebot oder ähnliches).
- Begründung: «Warum sollte der Kunde an Ihrem Angebot interessiert sein?»
- Unterbreiten Sie Zusatzangebote.

5. Zusammenfassung

- Wiederholen Sie die Vereinbarung.
- Danken Sie dem TP.
- Bereiten Sie künftige Geschäftsverbindungen vor.

6. Verabschiedung

- Verabschieden Sie sich freundlich.
- Richten Sie eventuell einige persönliche Worte an den TP.

Schema eines Telefongespräches zur Problemlösung		
Gesprächsphasen	**Gesprächsstrategie**	**Kommentar**
Eröffnung des Gespräches (Begrüßung/ Aufhänger)	– TP kennenlernen – Vertrauensbasis schaffen – Bedürfnisse des TP ansprechen	Hemmungen sollen abgebaut und positive Gesprächssignale vermittelt werden.
Analyse der Probleme	– Zielvorstellungen des TP ergründen und aufmerksam zuhören – eigene und fremde Ziele vergleichen – Erwartungen des TP begründen lassen – Eigene Erwartungen begründen und Vorteile für den TP herausstellen – Verhandlungsstrategie entwickeln	Die Verhandlungspositionen werden genau abgesteckt. Unterschiedliche Auffassungen und damit verbundene Probleme müssen überwunden werden. Durch die Begründung der Zielvorstellungen kann die Wichtigkeit einzelner Ziele für den Betroffenen herausgearbeitet werden.

Gesprächsphasen	Gesprächsstrategie	Kommentar
Versuche einer Problemlösung	– Anerkennung der Position des TP – Eigene Bedürfnisse gegenüberstellen und persönliche Unabhängigkeit demonstrieren – Sicherheitsbedürfnis des TP befriedigen: eigene Position gefährdet nicht die Interessen des TP – Herausarbeiten der Gemeinsamkeiten und des Trennenden: trennende Punkte nach der Wichtigkeit ordnen – Gegebenenfalls emotionalen Appell an den TP richten	Das Anerkennungsstreben des TP muß befriedigt werden. Er darf jedoch nicht das Gefühl bekommen, man sei auf ihn angewiesen. Sicherheitsbedürfnisse beim TP müssen berücksichtigt werden.
	– Geringe Schwierigkeiten zuerst überwinden: die eigene Position überzeugend darstellen und den TP zum Nachgeben bewegen; entgegenkommen mit der Absicht, sich beim nächsten Verhandlungspunkt durchzusetzen; Kompromiß (Treffen in der Mitte) anstreben.	Durch das Überwinden geringer Schwierigkeiten wird beim TP Zuversicht aufgebaut. Das Streben nach weiteren Ergebnissen verstärkt sich. Spannungen, die sich während des Gespräches entwickelt haben, lösen sich. Durch Entgegenkommen bringt man den TP gegebenenfalls in eine Schuldposition. Er wird bei den nächsten Punkten unter Umständen Nachgiebigkeit zeigen.

Gesprächsphasen	Gesprächsstrategie	Kommentar
	– Zwischenbilanz ziehen (zum Beispiel: «Wir haben in über 80 Prozent der strittigen Punkte Einigkeit erzielt.») – Für die noch offenen Punkte Kompromißvorschläge erarbeiten und/oder – Gespräch vertagen (überdenken, überschlafen, eventuell zusätzliche Informationen einholen); neuen Termin vereinbaren	Die Zwischenbilanz zeigt, wie weit man noch vom Ziel entfernt ist. Je näher man dem Ziel kommt, desto größer ist der Energieaufwand, um es zu erreichen. Durch die Gesprächsvertagung werden eventuell harte Gesprächsfronten aufgeweicht. Zusätzliche Informationen können beschafft werden, um Unsicherheiten zu beseitigen.
Abschluß	– Zusammenfassung und Evaluation der Ergebnisse – Punkte festhalten, über die Einigkeit erzielt wurde (eventuell strittige Punkte ausklammern)	

Gesprächsdauer

Haben Sie schon einmal darüber nachgedacht, wie lange Sie reden dürfen, bevor Ihr GP zu Wort kommen sollte?

Oder haben Sie schon einmal darunter gelitten, daß jemand sehr lange sein Lieblingsthema ausbreitete, ohne Luft zu holen und ohne zu bemerken, daß er Sie langweilt?

Eine Orientierungshilfe für Gesprächsbeiträge bei Dialogen

ist: ideal 30 Sekunden, maximal 50 Sekunden. Um dies zu erreichen, müssen Sie den GP in das Gespräch einbeziehen, um Langeweile oder Unmut gar nicht erst aufkommen zu lassen. So erreichen Sie vor allen Dingen auch Ihr eigenes Gesprächsziel.

Gesprächsende

Jedes Telefongespräch sollte damit enden, daß man mit dem GP eine Übereinkunft über die nächste gemeinsame Aktion erreicht, zum Beispiel ein weiteres Telefonat, ein Brief oder Besuch und/oder die Übermittlung zusätzlicher Informationen. Wann der Punkt gekommen ist, an dem ein Telefongespräch erfolgreich abgeschlossen werden kann, ist oftmals eine Frage des Gefühls. Im Verlauf des Gespräches sendet der GP aber auch sogenannte Abschlußsignale. Das sind meistens Fragen wie die folgenden:

▷ «Wer wird den Termin wahrnehmen?»
▷ «Wie lange sind die Lieferzeiten?»
▷ «Wann findet der nächste Workshop statt?»

Diese Signale erfordern eine sofortige Reaktion, etwa:
▷ «Sie haben die Wahl: Herr XYZ besucht Sie oder Frau STU.»
▷ «Gut, Frau XYZ, verbleiben wir also so: Wir liefern bis …»

Konnte eine Vereinbarung nur mit Mühe erreicht werden, sollten Sie es bei einer allgemeinen Formulierung belassen. Andernfalls könnte der GP an seine Einwände erinnert werden:

▷ «Ich freue mich, Herr XYZ, daß wir diese Übereinkunft erzielen konnten.»
▷ «Abschließend möchte ich sagen, daß wir uns freuen, Ihr Vertrauen gewonnen zu haben.»

Am einfachsten funktioniert der Abschluß mit dem Angebot einer Alternative. Es geht dann nicht mehr um ein Ja oder Nein, sondern um ein Entweder-Oder.

Gespräche sollten nicht abrupt beendet werden, wenn das Gesprächsziel erreicht ist, denn dadurch wird eine längerfristige Kooperation gefährdet. Sprechen Sie deshalb zum Ausklang bewußt langsam, bestätigen Sie das Ergebnis, und bedanken Sie sich freundlich vor der Verabschiedung.

▶ **Tips für das Gesprächsende:**
  - Wärmen Sie am Schluß niemals Negatives auf. (Sie könnten aus Versehen Einwände wecken!)
  - Warten Sie am Ende des Gespräches, bis der Anrufer den Hörer aufgelegt hat. Legen Sie den Hörer nicht zuerst auf.

Gesprächsnachbereitung
Nach dem Gespräch sind verschiedene Aktivitäten einzuleiten.

▷ Die während des Telefonats erstellte «Telefonnotiz» sollte gegebenenfalls nochmals maschinenschriftlich geschrieben und danach ausgewertet werden, welche Aufgaben von wem erledigt werden müssen.

▷ Fassen Sie das Besprochene gegebenenfalls zusätzlich zur Gesprächsnotiz in einem Telefax oder Brief (Gesprächsbestätigung) an Ihren GP zusammen.

▷ Veranlassen Sie zur Nachbereitung die üblichen Schritte: Versand informieren, Unterlagen verschicken, Name in die Kundenkartei aufnehmen, Akte anlegen usw.

▷ Leiten Sie die erforderlichen Aktivitäten sofort ein, und überwachen Sie zugesagte Termine, indem Sie die entsprechenden Vorgänge auf Termin legen.

7 REKLAMATION – DER UMGANG MIT AUFGEBRACHTEN ANRUFERN

Reklamationen bieten die beste Möglichkeit herauszufinden, wo die Schwachstellen eines Unternehmens sind. Mitarbeiter, die telefonische Reklamationen zur Zufriedenheit des Kunden abwickeln können, vollbringen eine beachtliche Leistung, denn derartige Telefonate dienen schließlich dem Aufbau, der Erweiterung und Festigung des Netzes positiver Beziehungen zwischen Unternehmen und Kunden. Im Mittelpunkt steht dabei *clienting*, der Aufbau von Beziehungsnetzwerken mit (potentiellen) Kunden und dem Unternehmen.

Wie Sie Reklamationen entgegennehmen

Etwa 75 Prozent der Kunden, die zum Wettbewerber wechseln, unternehmen diesen Schritt wegen mangelnder Servicequalität. Ein Instrument der Serviceanstrengungen ist das Telefon. Deshalb sollten Sie am Telefon stets freundlich auf alle Reklamationen eingehen. Versuchen Sie den Tatbestand zu ermitteln und entsprechend zu notieren. Selbstverständlich bringen Sie Ihr Bedauern zum Ausdruck. Danach versuchen Sie, die Situation einzuschätzen. Ist das nicht sofort möglich, müssen Sie sich etwas Zeit verschaffen und das Telefonat unterbrechen. Sie sollten allerdings so schnell wie möglich zurückrufen. Ist die Situation geklärt, können Sie mit dem Kunden Lösungen besprechen, erneut um Verständnis bitten und gegebenenfalls eine Entscheidung hinsichtlich des Ersatzes treffen. Vor allem sollten Sie aber dem Kunden in jeder Phase des Gesprächskontaktes vermitteln, daß Sie sich um ihn bemühen.

Welche typischen Reaktionen Sie vermeiden sollten

► Die Reklamation in Zweifel ziehen: «Das kann gar nicht sein!» «Das ist uns noch nie passiert.»

► Dem Kunden die Schuld zuschieben: «Da haben Sie das Gerät nicht richtig bedient!»

► Ausschließlich sachlich reagieren: Wenn der Kunde sehr verärgert ist, kann eine rein sachliche Reaktion dessen Ärger noch verstärken. Beispiel: Kunde: «Können Sie mir sagen, wo Ihr Fahrzeug bleibt?! Meine Leute sind seit einer Stunde mit den Aufräumungsarbeiten fertig und können die Container nicht wegschaffen!» Spediteur: «Geben Sie mir doch bitte zunächst die Auftragsnummer.» Kunde: «Die Auftragsnummer! Das kann wohl nicht wahr sein. Schaffen Sie das Fahrzeug her. Aber sofort!»

► Den «Schwarzen Peter» weitergeben: «Das liegt jetzt alles bei der Spedition. Da kann ich auch nichts mehr machen.» – Selbst wenn das stimmt, ist dem Kunden nicht geholfen.

Wie Sie günstige Voraussetzungen für die Behandlung einer Reklamation schaffen

Günstige Voraussetzungen für die angemessene Behandlung einer Reklamation schaffen Sie, wenn Sie sowohl den Kunden als auch Ihr Unternehmen berücksichtigen. Wenn tatsächlich ein Fehler vorliegt, versuchen Sie herauszufinden, welchen

Stellenwert dieser für den Kunden hat und welche Konsequenzen sich möglicherweise hieraus für Ihr Unternehmen ergeben. Eine Checkliste mit standardisierten Fragen erleichtert das Vorgehen:

▷ Besteht tatsächlich ein Problem (ein Fehler)?
  – Handelt es sich dabei um ein «echtes» Problem (um einen «tatsächlichen» Fehler)?
  – Handelt es sich nur vermeintlich um ein Problem (um einen Fehler)?

▷ Worin bestehen das Problem (der Fehler) und seine Ursachen?
  – Ist das Unternehmen für das Problem (den Fehler) und seine Ursachen verantwortlich?
  – Liegen das Problem (der Fehler) und seine Ursachen beim Kunden?

▷ Wie ernsthaft ist das Problem? Wie schwerwiegend ist der Fehler?
  – Handelt es sich um eine Bagatelle?
  – Ist der mögliche Schaden mehr als eine Bagatelle?

▷ Mit welchen Konsequenzen (Auswirkungen, Folgen) ist zu rechnen?
  – Für den Kunden?
  – Für das Unternehmen?

▷ Welche Maßnahmen sind zur Behebung (Beseitigung) einzuleiten?
  – Seitens des Unternehmens?
  – Seitens des Kunden?

Anhand dieser oder einer auf Ihren individuellen Arbeitsbereich abgestimmten Checkliste können Sie gezielt die Reklamation des jeweiligen Kunden behandeln. Dies geschieht auf Basis von Fragen, die der Situation angemessen sind. Die folgende Palette von Fragefürwörtern kann hilfreich sein:

- *Was* ist tatsächlich passiert?
- *Wann* ist das Problem aufgetreten?
- *Welches* Problem liegt vor?
- *Warum* haben Sie das Problem bisher nicht gemeldet?
- *Wie* konnte es dazu kommen?
- *Wer* ist von diesem Problem betroffen?
- *Wie viele* Teile sind betroffen?
- *Wodurch* wurden Sie auf die Sache aufmerksam?
- *Weshalb* ist Ihnen das Problem erst jetzt aufgefallen?

Und schließlich sollten Sie sich fragen: *Was* müssen Unternehmen beziehungsweise Kunden künftig tun, um das entsprechende Problem oder den jeweiligen Fehler zu vermeiden?

► **Tips:**

- Verhalten Sie sich Ihrem TP gegenüber selbst in einer kritischen Situation freundlich und verständnisvoll.
- Selbst wenn der Kunde einen Fehler gemacht hat, so sagen Sie ihm das nicht allzu direkt, verhalten Sie sich vielmehr kooperativ.
- Machen Sie am Telefon keine übereilten Zusagen, ohne zuvor die entsprechenden Voraussetzungen geprüft zu haben.
- Wenn Ihnen die Situation nicht eindeutig erscheint, veranlassen Sie eine Prüfung vor Ort.
- Fragen Sie sich stets: Was kann ich für die Kunden tun, um das Unternehmen erfolgreicher zu machen (denn begeisterte Kunden steigern den Umsatz)?
- Vergessen Sie nicht, in besonderen Fällen mit dem Kunden nach der Regulierung kurz Kontakt aufzunehmen, um sicherzustellen, daß er mit den getroffenen Maßnahmen zufrieden ist.

▶ Beispiel: Analyse eines Reklamationsgespräches

Im folgenden Ausschnitt wird anhand eines Gespräches veranschaulicht, wie eine Mitarbeiterin (M) die Chance, auf den Kunden (K) einzugehen und das Gespräch mitzugestalten, «nutzt»:

M: Herr Rothschild, haben Sie noch die Rechnung zur Hand?

K: (pikiert) Nein, die habe ich jetzt nicht zur Hand.

M: ...nicht zur Hand. Da muß ich dann erst im Programm nachsehen, denn...

K: Das ist wirklich eine furchtbare Schlamperei. Ich verlange, daß Ihre Niederlassung das Ganze bezahlt. Das verlange ich! Und wenn nicht, dann nehme ich mir einen Anwalt. Ich bin schon seit mehr als 20 Jahren – so lange sind Sie noch nicht da – Kunde bei der Firma ZY und habe alles von Ihnen...

M: Könnten Sie mir mal die Postleitzahl sagen, wo Sie wohnen? (unverständlich)

M: Sie können weitersprechen, Herr Rothschild. Selbstverständlich...

K: Das ist eine Riesenschlamperei, morgen sind es zwei Wochen...

M: (tippt Postleitzahl und Straße ein und murmelt): ...straße 9.

K: Genau...

M: (zu sich) Dann hab ich erst mal die Kunden- und Auftragsnummer. Ich guck mal (laut an K): Die Kollegin hat aber schon etwas veranlaßt – die das bearbeitet.

K: Nichts. Gar nichts! Ich habe keinen Rasenmäher, und ich habe überhaupt nichts. Wir haben auch ein Geschäft, ich weiß, wie das vor sich geht! (...schimpft – Pause)

M: Sie haben dem Fachberater, dem Herrn WXY gesagt, daß Sie das ABC-Modell wollten.

K: Ja. Jawohl! Das große Gerät. Und das sagte er noch...

M: (unterbricht) Wir haben veranlaßt – vor zwei Tagen, daß Ihnen das Geld erstattet wird.

Offensichtlich ist das ein Pseudodialog! Weil die Mitarbeiterin nicht auf den Kunden eingeht, fühlt dieser sich provoziert, so daß sich sein Zorn erst recht entlädt. Der Konflikt eskaliert. Die Mitarbeiterin ignoriert all das – sie will zunächst weiter nichts als zweifelsfrei feststellen, um wen es sich bei dem Kunden handelt. Erst mit dem letzten Satz des Ausschnitts geht die Mitarbeiterin auf das Anliegen des Kunden ein, wobei sie sich nur auf den zweiten Teil der Reklamation (also auf die inzwischen eingeleitete Erstattung des Geldes) bezieht.

Ergebnis der Analyse
Offensichtlich verhindern organisationsspezifische Voraussetzungen, daß die Mitarbeiterin auf den Kunden eingeht. Ein entscheidender Punkt ist dabei der Zwang zur frühzeitigen Identifizierung des Anrufers. Nur nach Identifizierung kann die Mitarbeiterin die Reklamationsdarstellung des Kunden kritisch und helfend verfolgen. Andererseits scheint dieser vom Computer diktierte Identifizierungszwang ein guter Vorwand dafür zu sein, die Emotionen des Kunden ganz einfach zu ignorieren. Selbst wenn der Kunde die Notwendigkeit einsieht, daß zunächst einmal ganz penibel seine Personalien festgestellt werden müssen, wird ihn diese Prozedur nur zusätzlich reizen. Die Mitarbeiterin dagegen sieht sich als Sprachrohr des Computers und interpretiert emotionale Kundenreaktionen als Ausdruck von Unsachlichkeit und Uneinsichtigkeit. Der wütende Kunde und die sich hinter dem Computer versteckende «sachliche» Mitarbeiterin eskalieren so ungewollt den Konflikt. Aber selbst wenn die Identifizierung problemlos klappt, gibt es noch eine weitere organisationsspezifische Barriere gegen die Demonstration von Empathie: Mitarbeiter sind gehalten, die Interessen des Unternehmens so gut wie möglich zu wahren. Dazu gehören eine rasche «Abfertigung» des Kunden («Nur kein Labern») sowie die Darstellung und Betonung der eigenen Funktion. Für geduldiges Zuhören scheint aufgrund organi-

sationsspezifischer Rahmenvorgaben gar kein Platz. Denn Empathie könnte als Verstoß gegen das Gebot zu Kürze und Sachlichkeit oder auch als Argumentationsschwäche ausgelegt werden. – Anhand dieses Beispiels können Sie Ihr eigenes Verhalten in ähnlichen Fällen überprüfen und gegebenenfalls verändern – im Interesse Ihres Unternehmens und der Kunden!

Wenn der Kunde reklamiert

► Zuhören: den Kunden ausreden lassen.

► Zuhören: den Kunden sein Problem unter Umständen auch mehrmals erzählen lassen (bis die «Luft raus» ist).

► Rückkoppeln: Versichern Sie sich, daß Sie das Problem verstanden und richtig notiert haben.

► Zeigen Sie Verständnis für das Problem, aber auch für die Enttäuschung oder den Ärger des Kunden.

► Fragen Sie nach den Lösungsvorschlägen des Kunden. Oft sind dessen Vorstellungen akzeptabel, dann müssen Sie nur noch zustimmen. Falls nicht, können Sie einen Kompromißvorschlag unterbreiten.

► Sorgen Sie dafür, daß die Reklamation fachgerecht, zuverlässig und so schnell wie möglich bearbeitet und erledigt wird.

► Legen Sie den Kunden auf ein gemeinsames Ziel fest.

► Prüfen Sie zu einem späteren Zeitpunkt nach, ob Ihre entsprechenden Anweisungen auch ausgeführt wurden.

Wie Sie mit Reklamationen im Interesse Ihres Unternehmens umgehen können

► Sehen Sie in der Reklamation eine Chance zur Verbesserung des Service Ihres Unternehmens.

▶ Nehmen Sie die Reklamationen ernst und vermitteln Sie das dem Kunden.

▶ Reagieren Sie kooperativ.

▶ Nehmen Sie mögliche Angriffe des Kunden nicht persönlich.

▶ Wenn Sie den Grund einer Reklamation nicht kennen, versuchen Sie durch Fragen der Sache auf den Grund zu gehen («Was gibt es im Detail?» «Wie zeigt sich der Schaden?»).

▶ Entschuldigen Sie sich, wenn der Anlaß der Reklamation eindeutig bei Ihrem Unternehmen liegt.

▶ Danken Sie dem reklamierenden Kunden gegebenenfalls für seine genaue Information.

Aufbau eines Reklamationsgespräches

▶ Kontaktaufnahme
▶ Informationen aufnehmen
  - Grund erfahren
  - Aussprechen lassen
  - Zuhören
  - Notieren
▶ Reagieren
  - Bestätigen oder: Richtigstellen
  - Sich entschuldigen oder: Sachverhalt erklären
  - Lösung vorschlagen
  - Kompromiß finden
▶ Gespräch beenden
  - Sich bedanken
  - Sich verabschieden
  - Bearbeiten/erledigen
  - Nachfassen (im Einzelfall)

8 KOMMUNIKATIONS-
TECHNIKEN

►◄

Fragen

Durch gezielte Fragen

- erregen Sie die Aufmerksamkeit Ihres GP,
- lernen Sie Ihren GP besser kennen,
- erfahren Sie die Interessen Ihres GP und lernen seine Wünsche kennen,
- erhalten Sie Informationen und können Informationsdefizite abbauen,
- zeigen Sie Interesse an Ihrem GP,
- zeigen Sie dem GP, daß Sie ihm zuhören,
- aktivieren Sie Ihren GP,
- gewinnen Sie Zeit zur Formulierung eigener Gedanken,
- vermeiden Sie Mißverständnisse.

Ein Gespräch läßt sich durch geschickte Fragen aktivieren und lenken. Dazu müssen Sie ein paar grundsätzliche Dinge über Fragen wissen:

▷ **Geschlossene Fragen** können nur mit Ja oder Nein beantwortet werden. Sie sind das geeignete Mittel, übermäßigen Redefluß zu stoppen. Die Antworten sind kalkulierbar. Die Wirkung dieser Fragetechnik liegt darin, daß Sie den GP zu einer eindeutigen Stellungnahme provozieren.

► **Beispiele**
- «Können Sie diesen Ausführungen zustimmen?»
- «Entspricht unser Vorschlag Ihren Erwartungen?»

- «Sind Sie nicht auch damit einverstanden, wenn wir die Lieferung reklamieren?» (Suggestivfrage)
- «Sollen wir die Angelegenheit nicht bei unserem nächsten Treffen ausführlicher besprechen?» (Lenkungsfrage)

▷ **Geschlossene Fragen** sind angezeigt,
- wenn kurz und straff zu verhandeln ist,
- wenn klare Entscheidungen herbeigeführt werden sollen,
- wenn Vereinbartes noch einmal kontrolliert oder verstärkt werden soll.

Geschlossenen Fragen können Sie ausweichen mit Bemerkungen wie: «So kann man die Frage nicht stellen». Oder: «Ich möchte die Frage etwas umformulieren.»

▷ **Offene Fragen** beginnen mit einem «W»: Wer? Wo? Was? Warum? Wann? Wie? Wodurch? Welche? Wie lange? Wovon? Womit?

▶ **Beispiele**
- «Wann können wir mit der Lieferung rechnen?»
- «Wie beurteilen Sie den Sachverhalt?»
- «Welche Möglichkeiten stehen uns zur Verfügung?»
- «Wer kann uns in dieser Sache weiterhelfen?»

▷ **Offene Fragen** sind gesprächsfördernd, sie wollen den GP zur eigenen Stellungnahme anregen. Wortkarge oder schüchterne GP lassen sich so ins Gespräch mit einbeziehen.

Abhängig vom GP sollten Sie Ihre Fragen also primär offen oder primär geschlossen formulieren, um so Ihrem GP entweder mehr oder weniger Freiraum zu gewähren.

Geschlossene und offene Fragen	
Geschlossene Fragen	**Offene Fragen**
Haben Sie unser Telefax schon gelesen?	Interessiert Sie unser per Telefax übermitteltes Angebot?
Ist das ein angenehmes Tagungshotel?	Was halten Sie von unserem Tagungshotel?
Können Sie sich bald entscheiden?	Bis wann können Sie sich entscheiden?
Können wir uns in Hannover treffen?	Wann und wo können wir uns in Hannover treffen?
Haben Sie irgendwelche Vorschläge?	Welche Vorschläge können wir berücksichtigen?
Paßt es Herrn XYZ am Freitag?	Wann (um welche Zeit) kann Herr XYZ am Freitag in unserem Büro sein?
Hatten Sie das schon vereinbart?	Was hatten Sie mit Frau Ludwig vereinbart?
Sind Sie mit unserem Vorschlag einverstanden?	Was halten Sie von dem Vorschlag von Herrn XYZ?

Wer mit rhetorischen Kniffen wie Fragetechniken beabsichtigt, den GP möglichst wirkungsvoll zu beeinflussen, begibt sich in die Gefahr, durchschaut zu werden, und zwar von denjenigen GP, die ebenso rhetorisch geschult vorgehen. Deshalb sollte die Aneignung bestimmter Fragetechniken den Anwender vor allem dazu befähigen, die Entwicklung eines Telefongespräches gezielt anzugehen und nicht durch unsachgemäßes Fragen Gespräche zum Scheitern zu bringen.

▶ **Tips:**
- Machen Sie sich klar, durch welches Gesprächsverhalten ein Gespräch in die Sackgasse führt!
- Finden Sie heraus, welches Gesprächsverhalten erfolgsversprechend ist!

Welches Ziel Sie mit bestimmten Fragen verfolgen können

▷ **Informationsfrage:** Der Fragende weiß etwas nicht und vermutet, daß sein Wissensdefizit vom Befragten ausgeglichen werden kann (Fragen nach Daten, Fakten, Thesen, Argumenten). Mit Informationsfragen lassen sich Gespräche leicht eröffnen. Wortkarge GP locken Sie mit Informationsfragen aus der Reserve. («Wie hoch sind Ihre monatlichen Telefonkosten?»)

▷ **Einschätzungsfrage/Einstellungsfrage:** Diese Frageform zielt auf die persönliche Meinung, Einstellung und Einschätzung eines GP. («Was halten Sie von Frauen in Führungspositionen?»)

▷ **Diagnostische Frage/unterscheidende Frage:** Man will wissen, welche Probleme der GP für bedeutsam hält und wodurch sie seiner Meinung nach verursacht werden. («Worauf gründet sich Ihre Ablehnung?»)

▷ **Problemlösungsfrage:** Frage nach neuen Ideen, Lösungsvorschlägen, Konzepten, Maßnahmen und ähnliches zur Verbesserung einer gegebenen (unbefriedigenden) Situation.

▷ **Entscheidungs-/Alternativfrage:** Diese Fragevariante verlangt vom Befragten eine Stellungnahme; man will wissen, ob er sich für die Lösung A oder B entscheidet. Stellen Sie die von Ihnen gewünschte Antwort an das Ende der Frage («Kann ich um 11 Uhr kommen oder lieber schon um 10 Uhr?»), wenn Ihnen der Termin um 10 Uhr besser paßt als um 11 Uhr.

▷ **Weiterführende Frage:** Diese Frage soll auf die Konsequenzen des Gesagten aufmerksam machen und zum Weiterdenken anregen beziehungsweise Schwachstellen offenlegen. («Welche Folgen ergeben sich daraus in finanzieller/psychologischer/ökonomischer Hinsicht…?»)

▷ **Prüfende Frage:** Der Fragende weiß etwas und will sich vergewissern, ob der GP es auch weiß.

▷ **Ja-Frage:** Die Frage wird so gestellt, daß der Befragte nur mit «Ja» antworten kann.

▷ **Suggestivfrage:** Fragen, die eine Meinung beeinflussen sollen, sind Suggestivfragen («Sie sind doch auch der Meinung, daß …?» «Sie wollen doch sicherlich alle Preisvorteile beanspruchen?»). Vorsicht: Eine Suggestivfrage reizt zum Widerspruch!

▷ **Kontrollfrage:** Sie soll sicherstellen, daß das Gesagte auch richtig verstanden wurde. («Habe ich Sie recht verstanden, wenn …?» «Habe ich mich verständlich machen können?»)

Wie man psychologisch «richtig» fragt

► Stellen Sie jeweils nur eine Frage.

► Fragen Sie knapp, präzise und leicht verständlich.

► Verbinden Sie eine freundliche Grundhaltung mit Konsequenz in der Sache.

► Verwenden Sie einfache «Türöffner» (zum Beispiel «Aha», «Hmhm», «Interessant», «Im Ernst?», «Wirklich?», «Das interessiert mich!»), um dem GP weitere Informationen zu entlocken.

► Machen Sie nach einer Frage eine kurze Pause, damit der GP antworten kann.

Geschickt eingesetzte Fragetechnik

– zeugt von Überblick,
– schafft Vertrauen, weil der Fragende Sachkenntnis zeigt,
– zeigt, daß der Fragende das Wesentliche erfaßt hat,
– belegt das Interesse an Sache und GP.

Mit einer Gegenfrage können Sie einer Frage ausweichen

▶ **Beispiel**

- TP: «Haben Sie einen Vorschlag, welches Produkt wir kaufen sollten?»
- «Wollen Sie immer noch, daß wir dieses Produkt kaufen?»

Unangenehme Fragen lassen sich so auch abblocken. Gegenfragen werden deshalb auch als unhöfliches Kommunikationsmittel abqualifiziert. Man gewinnt zumindest Zeit zur Beantwortung.

Behauptungen lassen sich zu Fragen umformen:

Statt: Wir haben die günstigsten Konditionen.
Besser: Was halten Sie von unseren Konditionen?
Statt: Sie müssen sich von dieser Qualität überzeugen.
Besser: Wollen Sie sich von der Qualität selbst überzeugen?

▶ **Tips:**

- Verwandeln Sie Appelle und Forderungen in Fragen.
- Mehr und gezielt fragen statt an den wirklichen Interessen des TP vorbeireden.

Die Kunst des Zuhörens

Hören ist die Aufnahme akustischer Signale. Zuhören basiert auf dem Wunsch, das Gehörte (die Signale) zu verstehen. Wer nicht nur zum Schein fragt, muß zuhören können. Reden Sie also nicht weiter, wenn Sie etwas gefragt haben. Hören Sie vielmehr interessiert der Antwort Ihres GP zu. Selbst auf unsachliche Kritik, Beschwerden und ähnliches sollten Sie mit interessiertem Zuhören reagieren, statt beleidigt zu sein, sich zu verteidigen oder zum Gegenangriff überzugehen.

Klassischer Fehler: Aus dem Bemühen heraus, sich selbst optimal darzustellen, wird am Telefon zuviel geredet und nicht genau zugehört, Fragen werden unbeantwortet übergangen und ähnliches.

Wie sich interessiertes Zuhören vermitteln läßt

1. Sie können schweigend zuhören
Merkmal: Häufiges Verwenden von Bestätigungswörtern (zum Beispiel «aha», «tatsächlich», «genau», «richtig», «ach so», «mhmm», «interessant», «ja, ja», «ich verstehe»). – Diese Art des Zuhörens ist geeignet, wenn sich der GP «etwas von der Seele reden will». Das Mitteilungsbedürfnis steigt, wenn der GP emotionell etwas aus der Balance geraten ist. Lassen Sie dann vorrangig ihn reden, und zeigen Sie Ihr Interesse durch passende Bestätigungswörter. Totales Schweigen irritiert den GP oder macht ihn aggressiv und läßt auch auf Desinteresse schließen. Letzteres wird auch bekundet, wenn Sie ununterbrochen (meistens unbewußt) nur «mm, mm, mm» murmeln.

2. Sie können besonders aufmerksam zuhören
Merkmal: Häufige Bestätigungssätze – Diese Technik ist anzuwenden, wenn der GP aktiviert oder motiviert werden soll. Aufforderungen zum (Weiter-)Sprechen sind: «Ihre Meinung interessiert mich...» «Können Sie mir das genauer erklären...» Sollte Ihnen jemand eine eigene Glanzleistung schildern, gehen Sie darauf bestätigend ein, zum Beispiel durch Wortwiederholungen (interessante, wichtige Informationen halblaut wiederholen, als ob Sie sie notierten). Versuchen Sie nicht, den GP zu überbieten oder Zweifel anzumelden.

3. Sie können besonders aktiv zuhören
Merkmal: Feedback (Rückmeldungen) – Diese Technik ist anzuwenden bei schwierigem oder komplexem Sachverhalt (zum

Beispiel Bestellungen, Terminabsprachen). Ein Sekretärin, die gebeten wird, eine längere Nachricht weiterzuleiten, sollte diese ratenweise wiederholen. Es genügt keinesfalls, ständig zu sagen: «Ja, ist gut, alles klar, richte ich aus». Damit hat der GP noch keine Sicherheit, ob das Gesagte auch richtig verstanden wurde. Wiederholen Sie gegebenenfalls die Aussage Ihres GP (in seinen oder eigenen Worten). Wenn Sie am Satzende Ihre Stimme anheben, klingt es wie ein Fragesatz. So wird der GP zum Mitdenken beziehungsweise zur Korrektur angeregt. Beispiele für «Rückformulierungen»: «Sie können damit Probleme bekommen???» «Also im Juli bei Ihnen???»

Passives Zuhören beschränkt sich auf die Informationsaufnahme

Passives Zuhören allein ist in der Regel nicht ausreichend. Selbst wenn ein GP länger redet, sollte man ihm durch ein freundliches «Ja!» «Gern!» «Richtig!» «Sicher!» oder ähnliches zeigen, daß man zuhört.

Zu einem erfolgreichen Gespräch gehört aktives Zuhören

GP hören einander oft nur oberflächlich zu und fallen sich gegenseitig ins Wort. So werden viele Geschäftsverbindungen von Mißverständnissen, falschen Erwartungshaltungen und ähnlichem beeinträchtigt. Durch aufmerksames Zuhören lassen sich aber nicht nur Mißverständnisse und Fehlurteile vermeiden, Sie merken so auch viel besser, was Ihrem GP besonders wichtig ist.

Achten Sie deshalb auch auf den Ton, in dem der GP spricht. Klingt, was er sagt, niedergeschlagen, obwohl es sich um eine offensichtlich gute Nachricht handelt? Oder klingt seine Stimme freudig, obwohl er von einem Mißgeschick erzählt? Widersprüche zwischen dem, was gesagt wird, und der Art, wie diese Worte gesprochen werden, liefern wichtige Hinweise auf die emotionale Verfassung Ihres GP. Darauf sollten Sie achten. Zuhören erfordert genauso viel Konzentration wie das Sprechen. Wer nur mit halbem Ohr hinhört, weil er gleichzeitig eine Aktennotiz überfliegt, läßt sich unter Umständen Wichtiges entgehen und verprellt den Anrufer durch Unaufmerksamkeit.

Wenn der Geschäftspartner monologisiert
Man kann, wenn ein Gespräch ins Stocken gerät, eine Zwischenfrage stellen, Zustimmung signalisieren oder durch eine Bemerkung Interesse zeigen.

▶ Beispiele
- «Haben Sie eigentlich schon einmal daran gedacht, daß ...»
- «Benutzen Sie eigentlich in der Regel ...?»
- «Wie machen Sie in Ihrem Unternehmen ...?»
- «Wie oft passiert es, daß ...»

Eines sollte man aber auf keinen Fall: dem TP schon beim ersten Satz ins Wort fallen oder ihm mitten im Satz das Wort abschneiden.

Wie Sie aktives Zuhören signalisieren können

▶ Häufiges Verwenden von kurzen Bestätigungen wie «mhmm», «aha», «interessant». – Lautmalerei einstreuen, verstärkende Äußerungen verwenden.

▶ Wortwiederholungen – interessante, wichtige Informationen halblaut wiederholen, als ob Sie sie notierten. Echo-Antworten geben.

▶ Rückformulierungen – Aussagen des GP wörtlich oder sinngemäß wiederholen.

▶ Konzentration auf den GP.

▶ Interesse an den Ausführungen des GP zeigen.

▶ Einwände des GP erkennen und gegebenenfalls auch anerkennen.
▶ GP ausreden lassen.
▶ Auf Fragen gezielte Antworten geben.

Wie Sie mit Einwänden umgehen können

Für Einwände gibt es verschiedene Gründe:
– Der GP hat keinen Bedarf am Verkaufsangebot.
– Der GP ist nicht kompetent (der falsche Ansprechpartner).
– Der GP hat kein Interesse.
– Der GP will noch mit Wettbewerbern verhandeln.
– Der GP schiebt einen anderen Termin vor (fühlt sich am Telefon unter Druck).

Wenn Sie Einwänden und Kaufwiderständen erfolgreich begegnen wollen, setzt das Verständnis für den GP voraus, aber auch Einfühlungsvermögen, Gewandtheit im Formulieren, Gelassenheit, Konzentration auf den GP, Fähigkeit des Zuhörens, Sachkompetenz.

Einwände (z. B. gegen ein Angebot) können schließlich von ganz unterschiedlicher Qualität sein:
▷ **Vorwand:** Das Angebot wird abgelehnt unter dem Vorwand, der Preis sei zu hoch.
▷ **Beweiskräftige Behauptung (Argument):** Das Angebot wird mit einem stichhaltigen Argument abgelehnt.
▷ **Behauptung (als Bluff):** Um den Preis zu drücken, hält der Kunde vorsätzlich dem Angebot einen falschen Einwand entgegen.
▷ **Vorurteil:** Der Kunde folgt der Argumentation für das Angebot nicht, weil sein Blick durch bestehende Vorurteile eingeengt ist.

Um Einwänden sinnvoll begegnen zu können, müssen Sie folglich zunächst auch wissen, wogegen diese sich richten.

Wie man auf objektive Einwände reagiert

Erste Reaktionen:

▷ Sie hören zunächst aufmerksam zu und bleiben völlig ruhig und gelassen.

▷ Sie wiederholen den Einwand (Verbalisierung) und schwächen ihn dabei schon etwas ab.

▷ Sie geben Ihrem GP recht, wenn er recht hat.

▷ Sie sagen dem GP eventuell, daß Sie einen Einwand erwartet haben.

Wie man auf emotionale Einwände
(zum Beispiel aus Geltungsbedürfnis) reagiert

Stellen Sie die Bedeutung des Geschäftspartners heraus, ohne zu übertreiben. Bleiben Sie sachlich und zeigen Sie durch Fragen Interesse. Nehmen Sie den Standpunkt Ihres GP ein. Setzen Sie auch Empathie ein («Sie als cleverer Geschäftspartner haben natürlich sofort erkannt, ...»)

Einwände sollten Sie als Chance begreifen

▷ Sachbezogene Einwände sind im allgemeinen positive Signale, weil sie Interesse bekunden. Sie zeigen, daß der GP noch innere Zweifel hat. Deshalb sollten Sie damit produktiv umgehen.

▷ In jedem echten Einwand steckt eine kritische Frage oder der Wunsch nach einer Verständnishilfe. Diese Frage gilt es zu erkennen und sachlich überzeugend zu beantworten.

▶ **Beispiel**

«Das Seminar ist zu teuer.» – Was kann das heißen?

   ▷ Mit einer so hohen Teilnehmergebühr hat die weiterbildungsinteressierte Sekretärin nicht gerechnet.

▷ Die Interessentin glaubt, die Konkurrenz sei billiger.

▷ Die Sekretärin hat kein Geld – oder kein Geld für das angebotene Seminar.

▷ Vorwand für andere Einwände (kann nicht nein sagen oder ähnliches).

Sie können mit folgenden Fragen reagieren:
- «Welche Angebote haben Sie vorliegen?»
- «Im Verhältnis wozu sind wir zu teuer?»
- «Womit vergleichen Sie unser Angebot?»
- «Wie groß ist die Differenz?»
- «Auf welchen Vorteil können Sie verzichten?»

Techniken der Einwandbegegnung

► Vorwegnahme – den Einwand aussprechen, bevor der Kunde es tut.

► Zurückstellen – den Einwand nicht sofort aufgreifen. Oft erledigt er sich während des Gespräches von selbst.

► Klärung des Einwandes durch Rückfrage – Rückfragen bringen den GP in Zugzwang und entlasten die eigene Position.

► Öffnung des GP durch Abfrage weiterer Einwände – Sie lassen Ihren GP die bislang noch nicht angesprochenen Einwände offenlegen, um Ihr weiteres Vorgehen darauf abstimmen zu können.

► Gegenfrage – Damit bringen Sie den GP in Argumentationszwang: Er muß seinen Einwand (näher) begründen. Vielleicht können Sie die Gründe widerlegen.
Beispiel: «Der Preis ist zu hoch!» Fragen Sie einfach entwaffnend: «Warum?» oder «Wie meinen Sie das?» oder «Um wieviel?»

► Plus-Minus – Mängel einräumen, aber das Eingeständnis durch Hinweise auf Nutzen und andere Vorteile kompensieren.
Beispiel: «Ihr Produkt leistet nur...» – «Vergleichen wir doch einfach die Plus- und Minuspunkte gemeinsam.»

► Bumerang – Einwand des Geschäftspartners als wichtigen Gesprächsbeitrag akzeptieren.
Beispiel: «Das Angebot ist unbefriedigend.» – «Darüber wollte ich
ohnehin mit Ihnen sprechen.»

► Einwand in Frage umwandeln
Beispiel: «Der Preis ist nicht marktgerecht.» – «Sie meinen, das Ko-
sten-Nutzen-Verhältnis und unser gesamtes Leistungspaket sollte
Ihnen noch im Detail vorgestellt werden?»

► Überhören Sie den Einwand! Wiederholt der Kunde jedoch den Einwand, müssen Sie von dieser Technik abrücken.

Kundenorientierte Maßnahme bei Einwänden: Aufmerksam zuhören

► Durch aufmerksames beziehungsweise genaues Zuhören vermitteln Sie
dem GP den Eindruck, daß Sie ihn und seine Einwände durchaus ernst
nehmen. Sofern er den Verdacht schöpft, sie hörten ihm nicht aufmerksam zu, wird er sich unter Umständen in seinem Selbstwertgefühl
gekränkt fühlen. In der Folge wird er – womöglich zu Recht – überzeugt sein, daß Sie in Ihrer Argumentation seine Einwände nicht angemessen berücksichtigten («Sie haben nicht zugehört!»).

► Gleichzeitig ist es aber notwendig, daß Sie für Ihre eigene Argumentation möglichst viele Informationen von Ihrem GP über seine Beur-
teilung der Lage und seine Befindlichkeit erhalten. Deshalb ist aufmerksames Zuhören unabdingbar. Denn Sie können Einwänden nur
erfolgreich begegnen, wenn Sie diese auch kennen. Sachargumente
lassen sich entkräften, wenn ganz spezifisch auf der Beziehungsebene der richtige Ton gefunden wird: Daher sollte sich Ihr GP von
Ihnen auch als Person akzeptiert fühlen.

Phasenkonzept zur Einwandbehandlung

▶ Aktives (aufmerksames) Zuhören
Ziel: den sachlichen Gehalt des Einwandes zu verstehen
- Lassen Sie Ihren GP ausreden.
- Finden Sie den Kern des Einwandes heraus (bei der Verständnis-
  kontrolle auf die Voraussetzungen, Beweismittel und Konsequen-
  zen des Einwandes achten).
- Analysieren Sie die Motive, die dem Einwand zugrunde liegen: Will
  man Sie provozieren (taktischer Einwand)? Gibt es sachliche Ge-
  sichtspunkte?
- Bleiben Sie ruhig und gelassen; ruhige Stimme, keine nervösen
  Verlegenheitsfloskeln!
▶ Kurze Pause zum Nachdenken
Dies ist psychologisch ratsam, weil eine zu schnelle Antwort oft den
Eindruck vermittelt, daß Sie mit Standardformulierungen arbeiten,
nicht zugehört und den GP nicht ernst genommen haben.
▶ Die Rückfrage eröffnet die Möglichkeit,
- Zeit zum Nachdenken zu gewinnen,
- zusätzliche Informationen zu erfragen zum besseren Verständnis
  der Position des GP,
- abzusichern, ob man den Einwand verstanden hat («Habe ich Sie
  recht verstanden?»).
▶ Einwandbehandlung im engeren Sinne
- Minderung der Glaubwürdigkeit, wenn Sie auf eine Behauptung,
  die Ihnen nicht paßt, mit einer Gegenbehauptung reagieren. Wi-
  derstand und Widerspruch verursachen Spannungen und Abwehr.
  Aggressive Redewendungen wie «Sie müssen doch zugeben...»,
  «Nein, das ist absolut falsch...» sind unangemessen, sie haben
  den Charakter von Endgültigkeit – der angegriffene GP wird ent-
  sprechend reagieren.
- Demonstration von Überlegenheit und Dominanz erzeugt ebenfalls
  Abwehr und mindert die Akzeptanzbereitschaft beim GP.

Wie Sie in schwierigen Situationen reagieren sollten

Für gründliche Verhandlungen oder zeitaufwendige Auseinandersetzungen ist das Telefon kein geeignetes Medium. Und dennoch: Wie schnell kann aus einem anscheinend belanglosen Anruf ein Gespräch ganz anderen «Kalibers» werden! Typische schwierige Situationen am Telefon:

1. Montagmorgen. Sie sind noch nicht ganz «da». Das Telefon klingelt – ein GP. Nach dem obligatorischen Austausch von Höflichkeiten plötzlich Worte, die Sie aufhorchen lassen sollten: «Übrigens...» Oder: «Was ich noch sagen wollte...» Oder: «Noch eine kleine Bitte...», und schlagartig befinden Sie sich mitten in einer Verhandlung. Nur mit folgendem Handicap: Der Anrufer hat sich vielleicht genau auf dieses Gespräch vorbereitet, jedes Argument durchleuchtet, jede Formulierung überprüft. Sie dagegen müssen «aus dem Stand heraus» reagieren.
   ▷ Seien Sie wachsam, und hören Sie aufmerksam zu. So erkennen Sie am ehesten, worauf Ihr TP hinaus will. Fragen Sie nach! So gewinnen Sie erstens Zeit zum Nachdenken, zweitens können Sie anhand der von Ihnen erfragten Zusatzinformationen am besten einschätzen, wie Sie schließlich reagieren sollten.

2. Der Anrufer spricht undeutlich, ausschweifend. Und Sie erkennen nicht, was wichtig und was Beiwerk ist.
   ▷ Fragen Sie zurück: «Frau..., Sie haben mir jetzt sehr viele Informationen gegeben. Habe ich Sie richtig verstanden, daß es in erster Linie um... geht?»
   ▷ Ohne kurze Zusammenfassung während des Gespräches können Sie bei einem undeutlich sprechenden, umständlichen Anrufer nicht überprüfen, ob Sie seine Aus-

sagen richtig verstanden haben. Haben Sie deshalb den Mut, ihn notfalls zu unterbrechen.

3. Der Anrufer informiert Sie unvollständig, spricht ungeordnet, wechselt zwischen einzelnen Themen.
   ▷ Machen Sie auch hier Ihren Bedarf transparent, indem Sie nachfragen: «Herr…, um Ihnen eine befriedigende Antwort geben zu können, brauche ich noch einige Hinweise…»

4. Der Anrufer reagiert emotionsgeladen und unsachlich. Sie werden nicht gegrüßt – er weigert sich, trotz Ihrer Bitte seinen Namen zu nennen. Er behandelt Sie von oben herab, beleidigt Sie, regt sich auf. (Spontane Reaktion: Auflegen!!??)
   ▷ Lassen Sie sich auf keinen Fall dazu verleiten, es ihm «mit gleicher Münze heimzuzahlen». Selbst wenn Sie recht angespannt sind, begehen Sie nicht den Fehler, genauso laut, schnell, scharf und unhöflich zu werden wie der Anrufer. Sagen Sie: «Sie sind sehr verärgert. Was ist der Grund?» Sollte der Anrufer allerdings trotzdem unsachlich bleiben oder seine Polemik noch steigern, machen Sie ihm höflich, aber bestimmt klar, daß Sie nicht gewillt sind, sich in dieser Art weiter behandeln zu lassen. Verdeutlichen Sie ihm, daß Sie das Gespräch beenden, wenn er nicht zur Sachlichkeit zurückfindet.

Ja-aber-Formulierungen

Die gute Idee dieser Technik wird oft falsch verstanden oder angewandt, zum Beispiel dann,
– wenn ständig nur «ja… aber» gesagt wird,
– wenn der Sprecher Mühe im Formulieren hat,
– wenn Denken und Sprechen nicht übereinstimmen, so

daß inhaltlich kein vernünftiger «Ja-aber-Satz» zustande kommt.

Bei den Ja-aber-Formulierungen handelt es sich um eine Methode der häufig benutzten Einwandbegegnung. Das Prinzip ist die taktische Zustimmung zu dem, was der GP gerade gegen Ihre Ausführungen eingewandt hat. Dadurch fühlt er sich mit seinem Einwand akzeptiert. Dem «Ja» folgt jedoch sofort die Wendung «Aber…». Das heißt, dem durch den GP vorgebrachten Einwand wird ein neuer Einwand entgegengesetzt. Dabei kann das «Aber» ganz verschieden umschrieben werden.

Vorteil dieser Methode ist es, daß der GP erfährt, daß sein Einwand ernst genommen wird. Gleichzeitig werden ihm mit Nachdruck die eigenen Argumente vermittelt mit dem Ziel, das Gespräch in eine der eigenen Zielrichtung entsprechende Richtung zu lenken.

«Ja»-Formulierungen	«Aber»-Formulierungen
Ich bin weitgehend Ihrer Meinung, daß…	jedoch…
Ich kann Ihre Auffassung gut verstehen…	allerdings…
Dieses Argument finde ich überzeugend…	doch zeigt sich bei genauerer Betrachtung…
Daran besteht kein Zweifel.	Vergessen Sie aber bitte nicht, daß…
Auf diese Meinung stößt man häufig…	Nur darf nicht übersehen werden, daß…
Richtig.	Obwohl mir dazu noch einfällt, daß…

Empfehlenswert ist auch die Ja-und-Methode, also die Ergänzung der Aussagen Ihres TP, statt einer (partiellen) Verneinung. Sie signalisieren damit Ihrem TP: «Ich respektiere Ihren Standpunkt, den ich mit meinem lediglich ergänzen möchte.» Vermeiden Sie Wendungen, die als Abwertung fremder Meinungen interpretiert werden können, und denken Sie auch hier wieder daran, daß Sie durch Ihre Art zu kommunizieren Ihr Unternehmen repräsentieren.

Wie Sie Negatives vermitteln können

Wenn man Gespräche mit negativem Inhalt auch negativ beginnt, stellt man die Enttäuschung vor die Mitteilung und betont das Negative. Das hat eine suggestive Wirkung.

Deshalb sollten Sie folgendes beachten:
1. Wählen Sie für den Gesprächsbeginn immer einen positiven Einstieg.
2. Formulieren Sie Negatives immer positiv, zumindest jedoch wertfrei.

Das Gewicht Ihrer Aussage sollte immer auf dem liegen, was für den GP positiv, beruhigend oder erfreulich ist.

▶ Beispiele
Negative Formulierungen:
- «Herr XYZ ist bedauerlicherweise nicht zu erreichen.»
- «Leider muß ich Sie darauf hinweisen, daß Sie Herrn XYZ erst nächste Woche wieder sprechen können.»

Positive Formulierungen:
- «Herr XYZ ist voraussichtlich um ... wieder zu erreichen.»
- «Die Rückkehr von Herrn XYZ verzögert sich zwar etwas, aber ab ... ist er wieder zu sprechen.»

Negatives läßt sich auch gut in Frageform vermitteln.

▶ **Beispiele**

Negative Formulierungen:
- «Da müssen Sie leider noch etwas warten.»
- «Da muß ich Sie mit meiner Kollegin verbinden.»

Positive Formulierungen:
- «Können Sie sich bitte noch einen Moment gedulden?»
- «Darf ich Sie mit meiner Kollegin verbinden?»

Wie Sie sich bei unsachlicher Kritik verhalten

Wie soll man sich verhalten, wenn man unsachlich kritisiert oder eine Beschwerde unsachlich vorgetragen wird?

Sie haben folgende Möglichkeiten:

▷ Signalisieren Sie interessiertes Zuhören durch angemessenes Feedback.

▷ Bleiben Sie auf der Sachebene und vermitteln Sie so dem GP das Gefühl, ernst genommen zu werden.

▷ Vermeiden Sie Abwehrsignale!

▷ Fassen Sie Kritik gemäßigt zusammen (Feedback): So hört der GP seine Aussage noch einmal ohne Erregung und kann entweder noch den letzten Dampf ablassen (wichtig!) oder sich korrigieren.

▷ Zeigen Sie Kompromißbereitschaft.

▷ Machen Sie Verbesserungsvorschläge oder bitten Sie darum.

▷ Fühlen Sie sich nicht persönlich attackiert.

Höflichkeit schafft Zugang

Höflichkeit ist mehr als nur ein paar leere Floskeln:

▷ Lassen Sie den Anrufer nicht unnötig lange warten: Bedienen Sie das Telefon spätestens nach dreimaligem Klingeln, jedenfalls möglichst bald nach dem ersten Klingeln.

▷ Beenden Sie ein gerade stattfindendes Gespräch im Büro vor Abheben des Hörers.

▷ Lassen Sie den Anrufer beim Weiterverbinden nicht uninformiert «in der Leitung hängen».

▷ Erfragen Sie den Namen des Anrufers zu Anfang, und fragen Sie ein zweites Mal, falls Sie ihn nicht richtig verstanden haben.

▷ Stellen Sie einen persönlichen Kontakt her, indem Sie den Anrufer öfter mit seinem Namen ansprechen, aber übertreiben Sie es nicht.

▷ Verwenden Sie Kontaktformen, zum Beispiel:
«Ich erinnere mich an Ihre Ausführungen…»
«Sie teilen ja mit mir die Meinung…»
«Gehen wir doch zunächst auf Ihren Standpunkt ein…»

▷ Kündigen Sie eine Weiterverbindung mit Namen des Teilnehmers an, an den Sie weitervermitteln.

▷ «Bitte» und «Danke» hört man selbst gerne, der andere auch; aufgebrachte Anrufer lassen sich damit zuweilen auch etwas beruhigen.

▷ Geben Sie Bestätigungswörter, zum Beispiel «ja», «sicherlich», «genau», «stimmt», «interessant», «sehr gut»; übertreiben Sie dabei nicht in Häufigkeit (zum Beispiel alle 30 Sekunden ein «ja») und Form («super», «richtig» oder ähnliches).

Höflichkeit zahlt sich in jedem Fall aus. Es ist häufig nicht nur die schlechte Qualität eines Produktes, über die Kunden sich ärgern, sondern auch die Art und Weise, wie sie behandelt werden. Höflichkeit stellt sich letzten Endes wie von selbst ein, wenn man Telefonate mit Interesse führt.

Wie Sie ein positives Gesprächsklima herstellen können

Eine positive Gesprächsatmosphäre ist die Basis für ein Gesprächsergebnis, das beide Seiten zufriedenstellt. Es gibt ein paar Leitsätze, die man sich ins Bewußtsein rufen sollte, bevor man zum Hörer greift:

▷ Unser Kunde ist Freund und Partner.

▷ Wir telefonieren gerne mit ihm.

▷ Wir freuen uns, wenn wir ihn mit unserem Service zufriedenstellen können.

▷ Wir sind höflich, sorgfältig, hilfsbereit, immer positiv und freundlich, auch wenn der Kunde angespannt und aufgebracht, aggressiv oder unentschlossen ist.

▷ Bei jedem Telefonat versuchen wir, einen positiven Eindruck zu hinterlassen – unabhängig vom Ergebnis.

Da positive Aussagen Verbindlichkeit ausstrahlen, negative dagegen leicht etwas Zurückweisendes an sich haben, sollte man nach Möglichkeit den verbindlicheren Tonfall wählen und seine Sätze positiv formulieren. Ihre Wortwahl ist bedeutsamer als im direkten Gespräch, da Sie nicht auf nonverbale Signale zurückgreifen können. Deshalb sollten Sie allem, was Sie sagen, grundsätzlich einen positiven Unterton verleihen und alles Negative möglichst außen vor lassen.

▶ **Beispiel:**

«Wir sind zur Zeit total überlastet. Das können wir sicher nicht bis Montag schaffen.» (negativ)

▷ Der Auftrag wird am Freitag erledigt. Der Kunde muß jedoch annehmen, daß er nicht sonderlich gut behandelt wird.

«Gern habe ich Ihren Wunsch notiert. Ich werde dafür sorgen, daß Ihr Auftrag einer der ersten ist, der am Montag bearbeitet wird.» (positiv)

▷ Der Auftrag wird ebenfalls noch am Freitag behandelt. Der Kunde bemerkt das Bemühen und wird sich bevorzugt behandelt vorkommen.

▶ Beispiele: Umwandlung negativer in positive Aussagen

Negative Botschaft	Positive Alternative
Guten Morgen. XYZ GmbH. Schulze.	Guten Morgen. Schulze. XYZ GmbH. Was kann ich für Sie tun?
Ich kann Ihnen nicht helfen. Tut mir leid. Sie hätten den... Service anrufen sollen.	In diesem Fall kann Ihnen Herr... weiterhelfen. Soll ich Sie mit ihm verbinden? Oder möchten Sie selbst noch einmal anrufen?
Ich versuche, die Nummer für Sie herauszufinden. Doch vor morgen früh komme ich nicht dazu.	Ich kann im Augenblick die Nummer nicht feststellen. Darf ich Sie innerhalb einer Stunde zurückrufen?
Das hört sich so an, als ob da ein Versehen vorliegt. Ich verbinde Sie mit Frau..., die Ihnen sicher bei diesem Problem weiterhelfen kann.	Offenbar liegt ein Versehen vor. Ich verbinde Sie mit Frau... Sie wird Ihnen sicher mit Ihrem Anliegen weiterhelfen können.
Ich kann Ihren Ärger verstehen, doch sollten Sie ihn nicht an mir auslassen.	Ich kann gut verstehen, wie Sie sich fühlen, Frau... Sie äußerten, daß...
Tut mir leid, daß Sie noch keine Antwort bekommen haben. Doch bei uns herrschte letzte Woche Chaos.	Es tut mir leid, daß Sie warten mußten. Wie kann ich Ihnen weiterhelfen?

Negative Botschaft	Positive Alternative
Ich kann Ihnen dazu nichts sagen. Ich arbeite nur in der Telefonzentrale.	Ich arbeite in der Telefonzentrale und kann Ihnen keine Auskunft geben. Doch ich bin sicher, Herr... ist der richtige Ansprechpartner. Gern verbinde ich Sie weiter.
Dazu muß ich Sie mit Herrn... verbinden. Doch möglicherweise klappt das nicht auf Anhieb, denn wir haben eine neue Anlage.	Ich verbinde Sie mit Herrn..., der Ihnen Auskunft erteilen kann. Für alle Fälle gebe ich Ihnen auch seine Durchwahlnummer.
Vor Ende August können wir nicht liefern. Es ist Urlaubszeit. Wollen Sie Ihren Auftrag lieber gleich zurücknehmen?	Wir liefern Ihnen die Ware Ende August. Vielen Dank für Ihren Auftrag.

Die Verbesserungsvorschläge der Beispielliste sind am GP orientiert. Die direkte Ansprache des GP («für Sie») und die direkte Anrede stellen ein hohes Maß an positiver, persönlich gefärbter Atmosphäre her, selbst wenn den Wünschen des GP nicht entsprochen werden kann. Besser als ein schroffes Nein sind Vorschläge zur Alternative. Damit hat man zwar indirekt auch nein gesagt, aber zugleich die positive Gesprächsatmosphäre erhalten und Kooperationsbereitschaft signalisiert.

Argumentationstechniken

Produkt ist alles, was Sie am Telefon «verkaufen» müssen. Wenn es um Verkaufsargumente geht, ist es wichtig, die Argumentationsstrategie des Geschäftspartners zu durchschauen und dessen Gegenargumente zu schwächen. Der Standardsatz eines Geschäftspartners: «Das macht die Konkurrenz ebenfalls» ist häufig nichts weiter als eine Sprechblase. Deshalb sollten Sie zum Beispiel als Assistentin des Vertriebsleiters am Telefon Produktmerkmale nicht nur aufzählen, sondern jedes Merkmal in einen Vorteil für den Kunden übersetzen (Nutzenargumentation).

Abhängig von Ihrer Position beziehungsweise Funktion im Unternehmen sollten Sie sich deshalb eine Reihe von Argumenten zurechtlegen, die auf ein von Ihnen vertriebenes Produkt zutreffen. Sie sollten aber auch ad hoc über eine Reihe von Argumenten verfügen, die Sie bei häufig vorgebrachten Einwänden einfließen lassen können.

► Tips:

1. Leiten Sie ein wichtiges Argument immer mit der persönlichen Anrede Ihres GP ein. Das signalisiert Ihrem GP, daß jetzt etwas folgt, das speziell für ihn bestimmt ist.

2. Legen Sie nach der Anrede eine kleine Pause ein. Damit fokussieren Sie die Aufmerksamkeit Ihres GP auf Ihre nachfolgenden Ausführungen.

3. Schildern Sie Vorteile so konkret wie möglich, so daß vor den Augen Ihres GP ein Bild entsteht.

4. Verwenden Sie für Ihre Argumente möglichst Vergleiche und Bilder. Das erhöht die Anschaulichkeit.

5. Wählen Sie für die höhere Akzeptanz auf Ihren GP zugeschnittene Beispiele.

6. Wiederholen Sie wichtige Argumente aus verschiedenen Blickwinkeln, damit sich das Bild festigt. Lassen Sie jedoch kurze Pausen dazwischen, damit sich bei Ihrem GP die Argumentation setzen kann. Wenn er bereits dem ersten Argument zustimmt, können Sie sich eine Wiederholung sparen.

7. Beginnen Sie mit leicht angehobener Stimme und senken Sie sie gegen Ende Ihres Arguments, um ihm so Gewicht zu verleihen.

Argumentieren Sie überzeugend
Wenn Sie sich zum Ziel setzen, weder monoton noch pastoral, sondern dynamisch zu sprechen, dann brauchen Sie nur noch einige Hinweise zur Gesprächstaktik zu beachten, um Ihre Überzeugungskraft zu steigern. Glaubwürdigkeit und Souveränität vermitteln Sie, wenn Sie besonders bei Meinungsverschiedenheiten «Nein-Antworten» strikt vermeiden, denn zunächst einmal hat ja von seinem Standpunkt aus auch Ihr GP recht, selbst wenn er offensichtlich unrecht hat. Ihr GP sieht unter Umständen die Dinge anders als Sie, Sie müssen das akzeptieren und Einwände konstruktiv vorbringen.

Machen Sie nach wichtigen Aussagen eine Pause
Nach einem wichtigen Argument bietet sich die Pause an, weil dadurch das Gesagte betont wird, die Aufmerksamkeit beim GP steigt und das Gesagte beim Zuhörer intensiver nachwirkt und besser behalten wird. Es muß davon ausgegangen werden, daß das, was Sie zu Ihrem GP sagen, neu für ihn ist. So kommt die Überzeugungskraft eines Arguments voll zur Entfaltung. («Doppelpunkttechnik»!)

▶ **Beispiel**
«Ich komme jetzt zu einem ganz entscheidenden Punkt: [Pause machen, dann das Argument mit verstärkter oder zurückgenommener Lautstärke bringen] ...»

Pausen
– ermöglichen dem Zuhörer, gerade Erfahrenes zu durchdenken, Verständnisfragen zu stellen oder etwas zu kommentieren,
– sind ein wichtiges dramaturgisches Element, sie machen aufmerksam, erzeugen Spannung, regen zum Reflektieren an,
– bahnen einen neuen Gedankengang.

Ein GP sollte sich aber durch eine längere Pause nicht unter Druck setzen lassen. Er sollte ebenfalls schweigen und freundlich und gelassen darauf warten, daß der GP den Faden wieder aufnimmt.

Killerphrasen

Gespräche verlaufen niemals rein rational. Immer fließen emotionale, ja irrationale Elemente mit ein. Wo sich keine Argumente finden, flüchtet der Sprecher nicht selten in Phrasen. Diese meist unreflektiert eingesetzte «Strategie» wirkt destruktiv: neue Gedanken und Ideen werden blockiert beziehungsweise schon im Ansatz erstickt. Eine bekannte Spielart der Sprachmanipulation sind die sogenannten «Killerphrasen», zum Beispiel:
– «Das geht sowieso nicht.»
– «Das haben wir noch nie so gemacht.»
– «Dazu fehlt uns die Zeit.»

aber auch Leerformeln wie:
– «Es ist doch faktisch so, daß…»
– «Wie doch allgemein bekannt ist, …»
– «Damit verurteilen Sie alles, was wir in den letzten zwei Jahren gemacht haben.»

oder Pseudoargumente der Form:
– «Wissenschaftliche Untersuchungen haben gezeigt, …»
– «Die jetzige Situation fordert, daß…»

9 PROBLEMZONEN – MACHEN SIE SICH IHR VERHALTEN AM TELEFON BEWUSST

Grundsätzliche Verhaltensprobleme

Es wird behauptet, deutsche Sekretärinnen seien im Vergleich zu ihren amerikanischen Kolleginnen kürzer angebunden und unfreundlich. Wenn der gewünschte GP gerade nicht erreichbar ist, werde meistens kein Rückruf angeboten. Der Anrufer erwartet jedoch ein «Wir rufen zurück». Vielfach sind sich Angestellte schlicht der Tatsache nicht bewußt, daß sie das Bindeglied zwischen Unternehmen und Außenwelt darstellen, wobei die Außenwelt immer auch für einen potentiellen Kunden steht. Die größten Fehler beim Telefonieren sind Gleichgültigkeit und Desinteresse. Sie äußern sich in mangelnder Vorbereitung und daraus resultierend

- unzureichender Fragetechnik,
- langer Aktensuche,
- unfreundlicher Begrüßung, fehlender namentlicher Anrede,
- unhöflicher, knapper Abfertigung, geringer Anteilnahme am Problem des TP, mangelnder Bereitschaft zuzuhören,
- Ungeduld, Abreagieren von Ärger,
- Rechthaberei und provozierendem Widersprechen,
- vorschnellem Auflegen.

Gravierende Fehler sind auch:
- Name wird nicht genannt,
- Anrufer können nicht richtig weiterverbunden werden,

- undeutliche Aussprache,
- mürrische und abweisende Antworten, fehlende Hilfs-
  bereitschaft,
- fehlende Kundenorientierung, insbesondere bei Reklamationen.

Schwächen im Verhalten sind auch:
- unsichere Antworten,
- Empfindlichkeit bei Kritik,
- fehlender Mut, den GP zu unterbrechen,
- leises Sprechen,
- überfreundliches Sprechen.

Fehler, die aus einer Gesprächssituation heraus entstehen,
sind beispielsweise Notlügen, Bagatellisierung, Abschweifun-
gen, überflüssige Wiederholungen, Unsachlichkeit.

▶ **Tip:**
Verbessern Sie Ihr Verhalten am Telefon – so erhöhen Sie Ihre Aus-
strahlungskraft!

Vorstellung und Begrüßung

Situation des Angerufenen
Melden Sie sich stets freundlich, klar und prägnant mit Augen-
merk auf das Anliegen des (womöglich aufgebrachten) Anrufers. Für Anrufer, die Geld benötigen, ist die Meldung «Kreditabteilung» in der Regel wichtiger als der lange Name der
Zweigstelle einer Bank. Vorausgesetzt, interne Satzungen lassen es zu und es besteht nicht die Gefahr von Mißverständnissen, kann der Firmenname, Institutsname oder ähnliches, vor
allem wenn er lang ist, beim Melden auf dem Apparat einer Nebenstelle weggelassen werden.

► Beispiel

Statt: «Kreissparkasse Kornwestheim, Zweigstelle Rosenstraße, Kreditabteilung, Isolde Schünemann...»

Kürzer: «Kreissparkasse Kornwestheim, Kreditabteilung, Schünemann...»

Noch besser: «Kreditabteilung, Schünemann...»

Situation des Anrufers

In der Regel nennt man als Privatperson dem Angerufenen den
Namen und als Angestellter den Unternehmens- und den eigenen Namen. Zusätze (zum Beispiel Vorname) sind nur in besonderen Situationen angezeigt. Ob Sie einen Gruß entbieten,
hängt von der Situation und auch von der Tageszeit ab. Wenn
man zum Beispiel früh um 8.45 Uhr jemanden anruft, hört sich
ein «Guten Morgen, Herr Griefhahn» sicher sehr freundlich an.

Wenn Sie mit dem Angerufenen schon häufiger Kontakt
hatten, genügt eine Meldeformel nach dem Schema «Altstädter
Computer AG, Baumgartner, guten Tag».

Wenn Sie den Namen nicht verstanden haben

Wenn Sie den Namen Ihres GP nicht verstanden haben, fragen
Sie nicht «Wie war der Name?», sondern «Mit wem spreche ich,
bitte?»

Fragen Sie eventuell «Würden Sie mir Ihren Namen bitte
buchstabieren?» «Darf ich Sie noch einmal um Ihren Namen
bitten?»

Beim Buchstabieren stellen sich mitunter folgende Probleme:

Der GP ist beim Buchstabieren überfordert, weil er nicht
schnell genug mitschreiben kann und/oder weil er das
Buchstabieren nicht beherrscht beziehungsweise weil der
Namensträger seinen Namen diffus buchstabiert. *Beispiel:*
Buchstabiert jemand den Namen «Chkumbam» ohne das
Buchstabieralphabet, wird der Name unter Umständen als

«Schumban» oder «Schunbam» verstanden. Dagegen führt: Cäsar – Heinrich – Kaufmann – Ulrich – Martha – Berta – Anton – Martha problemlos zu «Chkumbam».

Wenn Sie einen schwer verständlichen Namen haben, seien Sie auf Rückfragen gefaßt, und geben Sie Ihrem GP eine Verständnishilfe. *Beispiel:* «Meyer – mit e – y». Oder wiederholen Sie den Namen etwas langsamer und deutlich ohne Überbetonung. Oder fragen Sie: «Darf ich (Ihnen meinen Namen) buchstabieren?» Verwenden Sie keine unbekannten Wortvergleiche, denn damit überfordern Sie unter Umständen den GP. Zitieren Sie also keine Geschichtsnamen, zum Beispiel «Finkenstein» wie die bei Fontane zitierten Finkensteins aus dem Raume Beeskow. Wenn Sie «Weiß» heißen, können Sie sagen: «Weiß» wie «schwarz». Heißen Sie «Weiss», dann sagen Sie: «Weiss mit Doppel-s.»

Wenn es Anlaß zu Kritik gibt

Bevor man kritisiert, sollte man sich fragen:
▷ Warum kritisiere ich? – Motiv?
▷ Kann ich die Sache beurteilen? – Kompetenz?

Bei negativer Antwort auf eine oder beide Fragen: Kritik unterlassen. Bei positiver Antwort: Kritik aussprechen und dabei folgende Regeln beachten:
▷ Kritik immer direkt äußern, nie über Dritte.
▷ Kritik möglichst mit Anerkennung einleiten, dann erst die Beanstandungen äußern.
▷ Kritik objektiv und sachlich vorbringen, also keine Ironie, keine Verschlüsselung von Fakten, keine Vergröberung oder Übertreibung, keine Herabwürdigung der Person, aber auch keine Entschuldigung der Kritik.

Kritik sollte überlegt und dosiert vorgebracht werden:
▷ jeden Punkt gesondert durchsprechen
▷ Zeit zum Verarbeiten lassen
▷ Gelegenheit zur Erwiderung geben
▷ Du-Botschaft («Das sehen Sie ganz falsch») vermeiden, Ich-Botschaft («Ich sehe das ganz anders») anwenden
▷ Sachverhalt knapp und präzise darstellen, nicht durch ständige Umformulierungen breittreten
▷ keine Vergleiche mit anderen ziehen
▷ nicht auf früheren Fehlern herumreiten
▷ den GP nicht endgültig abwerten («Das lernen Sie nie!»)
▷ möglichst mit ermutigendem Ausblick schließen

Wenn Sie wiederholt von der Sekretärin eines Geschäftspartners trotz versprochenen Rückrufes nicht wieder angerufen werden, sollten Sie dieses profillose Verhalten kritisieren – unter Beachtung der hier gegebenen Empfehlungen.

Ausländische Anrufer

Überheblichkeit, Anmaßung und ähnliches führen in Deutschland oft dazu, daß mit ausländischen Anrufern in belehrendem Tonfall gesprochen wird bei gleichzeitiger Verwendung des «Du». Dies ist beschämend, weil sich die Geduzten wegen indirekter Abhängigkeit meist nicht wehren können und wollen. Auch von Deutschen wird das degradierende Du entsprechend empfunden.

Lassen Sie bei aufkommender Ungeduld wegen Verständigungsschwierigkeiten diese Ihren TP nicht merken, und versuchen Sie, das Telefongespräch besonders einfühlsam zu führen.

Anonyme Anrufer

Situation: Sie haben die Anweisung, den Namen jedes Anrufers zu erfragen. – Was tun Sie, wenn ein Anrufer seinen Namen nicht genannt hat oder nicht nennen will und im Befehlston Ihren Chef verlangt?

▷ Vermeiden Sie undiplomatische Reaktionen wie:
 – «Wenn Sie mir Ihren Namen nicht nennen, kann ich Sie nicht weiterverbinden.»
 – «Tut mir leid, ich brauche zuerst Ihren Namen, sonst kann ich Sie nicht mit Herrn XYZ verbinden.»
 – «Worum geht es denn?»

Erbitten Sie höflich den Namen («Darf ich Sie um Ihren Namen bitten?»). Bei erneuter Weigerung weisen Sie auf den Auftrag hin, die Namen aller Anrufer zu erfragen. Oder: Sie bitten den Anrufer, sein Anliegen schriftlich vorzutragen. Wenn es zur Zufriedenheit des Anrufers beiträgt, könnten Sie auch eine vergebliche Verbindung vortäuschen, zum Beispiel: «Ich handle jetzt zwar der Anweisung meines Chefs zuwider, aber ich riskiere es mal.»

Wie Sie bei vergeblichen Anrufen reagieren

Zeit und Gebühren werden vergeudet, wenn man den gewünschten GP telefonisch nicht erreichen kann. Oft wird man dann auch noch mit unklaren Auskünften abgespeist («Frau ABC ist auf Geschäftsreise.» – «Herr XYZ ist in einer Arbeitsbesprechung.»). Sie sollten sich mit derartigen schwammigen Auskünften nicht abfertigen lassen. Begnügen Sie sich auch nicht mit «Herr XYZ soll bitte zurückrufen». «Richten Sie Frau

ABC bitte aus, daß ich angerufen habe und daß sie zurückrufen soll.» Präzisieren Sie Ihre Bitte. Wenn der gewünschte GP nie zu erreichen ist, fragen Sie: «Arbeitet Herr XYZ noch in Ihrer Firma?» Wenn der gewünschte GP stets in einer «Besprechung» ist, sollten Sie fragen: «Wann ist Frau XYZ nicht in einer Besprechung?»

Professionell ist es,

▷ Anrufzeiten abzusichern («Wann kann ich Herr XYZ morgen früh denn erreichen?» «Wenn ich um 16.30 Uhr anrufe, ist Frau ABC dann zu erreichen?»);

▷ eine genaue Uhrzeit für einen Rückruf zu vereinbaren («Können Sie Herrn XYZ bitte ausrichten, daß er mich morgen früh zwischen 9.00 und 10.00 Uhr oder am Nachmittag zwischen 15.00 und 15.30 Uhr erreichen kann.»);

▷ die Dringlichkeit einer Informationen explizit zu machen («Bitte richten Sie Herrn XYZ aus, daß es um den Bebauungsplan für... geht. Bitte sagen Sie ihm, der Eigentümer habe seine Zustimmung in letzter Minute zurückgezogen.»);

▷ den gewünschten GP suchen zu lassen und ans Telefon zu bitten, wenn es dringend ist («Frau ABC, ich muß mit Herrn XYZ dringend über ein Problem bei unserer neuen Werbeaktion sprechen. Können Sie ihn bitte intern zu erreichen versuchen oder ausrufen?»);

▷ auf ein Gespräch zu drängen, wenn sich der gewünschte GP häufig verleugnen läßt und Rückrufe nicht zustande kommen («Frau ABC, ich muß Herrn XYZ nur eine Minute sprechen. Bitte versuchen Sie, ihn ans Telefon zu bekommen.»);

▷ die Erreichbarkeit des GP festzustellen («Ich muß Herrn XYZ heute noch sprechen. Wie kann ich ihn erreichen?»).

► Tips:

- Wenn der von einem Anrufer gewünschte GP nicht da ist, fragen Sie nicht gleich nach dem Grund des Anrufs, ohne überhaupt Hilfe angeboten zu haben.
- Informieren Sie den Anrufer darüber, wann der gewünschte GP wieder erreichbar ist – in fünf Minuten, drei Wochen und so weiter. Fragen Sie dann, ob Sie weiterhelfen, weiterverbinden, etwas ausrichten oder zurückrufen können.

Indiskrete Fragen

Wie man auf taktlose Fragen reagiert:

▷ Nennen Sie den Grund, weshalb Sie im Moment nicht antworten möchten (zum Beispiel die Beantwortung der Frage sei zu belastend, zu zeitraubend, zeitlich unpassend).

▷ Sagen Sie, daß Sie das Interesse gut verstehen können, jedoch um Verständnis bitten, daß Sie sich im Moment dazu (im einzelnen) nicht äußern möchten.

▷ Setzen Sie eine Ich-Botschaft ein («Ich fühle mich jetzt direkt überrumpelt.» «Ich könnte darauf jetzt keine zufriedenstellende Antwort geben.»).

▷ Kontern Sie mit Humor («Ich werde mal kurz nachdenken, welche ‹unpassende› Antwort mir dazu einfällt.»).

▷ Äußern Sie Zweifel («Sie machen wohl einen Spaß!» «Das wollen Sie doch nicht wirklich wissen?»).

▷ Sagen Sie lächelnd, daß Sie mit dieser Frage gerechnet hätten («... sie wird häufig gestellt ...»), und sprechen Sie weiter.

▷ Stellen Sie eine Gegenfrage («Was interessiert Sie denn daran am meisten?»)

Weitere Möglichkeiten der Reaktion: Frage überhören, lächeln und Frage übergehen, ehrliche Antwort geben (aber keine Details), Antwort auf später verschieben (eventuell als Frage formulieren), charmante Äußerung (nach eigener Wahl).

Unterbrechungen beim Telefonieren

Unterbrechung durch Vorgesetzte

Ungeachtet notwendiger «Öffentlichkeitsarbeit» und «effektiver Kommunikation» lassen sich viele Mitarbeiter durch die Präsenz eines Vorgesetzten bei der Beantwortung des Telefons aus dem Konzept bringen.

Welche Reaktionen bieten sich an?

▷ Sie nehmen den Hörer, wenn das Telefon klingelt, gar nicht ab und widmen die volle Aufmerksamkeit Ihrem Vorgesetzten.

▷ Sie beantworten das Telefongespräch und bitten den Vorgesetzten um Entschuldigung.

Für Führungsqualität spricht, wenn ein Vorgesetzter den entsprechenden Mitarbeiter zum Abnehmen des Hörers ermutigt, indem er sich zum Beispiel zurückzieht. In diesem Fall sollte sich der Mitarbeiter sofort nach dem Gespräch bei dem Vorgesetzten melden.

Wie reagieren Sie, wenn Ihr Vorgesetzter Sie beim Telefonieren unterbricht?

▷ Lächeln, Achseln zucken, weiterreden (eine Telefonnotiz später eventuell auch an den Vorgesetzten geben).

▷ Sagen Sie dem Vorgesetzten, wenn er ein zweites Mal zu unterbrechen versucht: «Es tut mir leid, aber ich schaffe es nicht, mich gleichzeitig auf Sie und den Anrufer zu konzentrieren.»

▷ Klären Sie den Vorgesetzten kurz darüber auf, warum Sie das Gespräch nicht unterbrechen, zum Beispiel: «TP empfinden Unterbrechungen im allgemeinen als Nachlässigkeit und mangelndes Interesse, denn sie fühlen sich beiseite geschoben.»

▷ Sagen Sie dem TP, wer eine Unterbrechung wünscht (falls der Vorgesetzte mehrmals unterbricht): «Entschuldigen Sie bitte, mein Chef, Herr XYZ, bittet um eine kurze Unterbrechung...» – Dies wird meistens als Hinweis auf «höhere Gewalt» gedeutet und akzeptiert.

Unterbrechung durch eingehende Telefonate

Nervtötend ist das Dauerläuten eines zweiten Apparates. Häufig wird der TP «ruhiggestellt» mit dem Hinweis: «Moment bitte, der andere Apparat läutet.» Dies ist sowohl für den augenblicklichen TP als auch für den weiteren Anrufer eine Zumutung. Besser ist es, ein laufendes Gespräch zu Ende zu führen und zu warten, bis der zweite Apparat wieder läutet.

Lange Wartezeiten beim Verbinden

Viele Anrufer sind froh, wenn sie nach einigen vergeblichen Versuchen endlich mit dem gewünschten GP verbunden werden. Das Warten in einer «Warteschleife» hat schon so manchen erfolgreichen Geschäftskontakt verhindert. Wenn die Leitung schweigt, entsteht beim Anrufer der Eindruck, aus der Leitung geworfen zu sein. Er sieht sich dann gezwungen, den Hörer aufzulegen und noch einmal zu wählen. Meistens handelt er sich damit die gleiche Situation und einen unfreundlichen Hinweis der Vermittlung ein.

▷ Verhaltensfehler, die beim Weiterverbinden auftreten und vermieden werden sollten:
  – der wartende Anrufer erhält keine Zwischeninformation,
  – der wartende Anrufer erhält eine falsche Zwischeninformation, zum Beispiel «Moment noch» (ohne «bitte») – darauf ist der Sprecher wieder weg (der Anrufer möchte vielleicht gar nicht mehr warten und legt auf),
  – versprochenes Zwischenschalten bei längerer Wartezeit wird nicht eingehalten,
  – zeitliche (und finanzielle) Kapazität des wartenden Anrufers wird nicht berücksichtigt und überschätzt.

▷ Verbesserungsvorschläge:
Wenn die Weiterverbindung nicht sofort zustande kommt, fragen Sie den Anrufer, ob er warten will oder nicht: «Frau Bohle spricht gerade (immer noch). Möchten Sie (noch) warten?» Fragen Sie wiederholt danach, und erkundigen Sie sich, ob Sie etwas ausrichten können. Bieten Sie eventuell einen Rückruf an, und geben Sie eventuell die Durchwahlnummer des gewünschten TP weiter. Geben Sie dem Anrufer zudem die Chance, sich nicht gräßliche Musik («Music on hold») anhören zu müssen.

▶ **Tips:**
  – Verbinden Sie Anrufe professionell und effektiv!
  – Nennen Sie dem Anrufer den Namen der Person, zu der Sie weiterverbinden, außerdem den Abteilungsnamen und die Durchwahlnummer, damit gegebenenfalls der Anrufer zu einem späteren Zeitpunkt auch direkt anrufen kann!

Telefonieren im Beisein von Besuchern

Die Faustregel: «Anrufer hat Vorrang vor direktem GP» wird oft falsch verstanden. Die Geduld verständnisvoller Besucher sollte nicht mißbraucht werden. Entscheiden Sie vor dem Gespräch mit einem Besucher, ob Sie sich durch das Telefon stören lassen wollen oder nicht – stellen Sie zum Beispiel das Läuten ab.

▷ Wie verhalten Sie sich gegenüber Besuchern, mit denen Sie sich gerade unterhalten, wenn ein Anruf kommt (und Sie vorher die mögliche Störung nicht abgestellt haben)? – Unterbrechen Sie die Unterhaltung durch eine rhetorische Frage, bevor Sie den Hörer abnehmen: «Entschuldigung, darf ich mal kurz abnehmen?» Sagen Sie also nicht einfach: «Moment bitte!» Bieten Sie dann dem Anrufer einen Rückruf an («Darf ich in einer halben Stunde zurückrufen?» «Herr XYZ könnte Sie gegen Mittag anrufen. Ist Ihnen das recht?»). Die Alternative, das Telefongespräch zu Ende zu führen, zeigt, daß Ihnen der Anrufer wichtiger als der Besucher ist.

Besucher-Telefonate

Gesetzt den Fall, ein Besucher – etwa ein Bewerber oder Geschäftspartner, der auf Ihren Chef wartet – will von Ihrem Apparat aus telefonieren. Bei Ortsgesprächen ist das kein Problem. Falls Sie allerdings nur einen Apparat im Sekretariat haben, ist der mit einem gewinnenden Lächeln garnierte Hinweis auf eine nicht allzulange Blockade einlaufender Gespräche angebracht. Inlandferngespräche gehen zumeist noch à conto Kundenservice. Kostspielige Auslands- oder gar Überseeverbindungen sollten allerdings wegen der Gebührenabrechnung selbst bei möglicher Durchwahl über die Telefonzentrale abgewickelt werden. Diesen Eventualfall sollten Sie in einem Grundsatzgespräch mit Ihrem Chef klären. Zweifellos wird er einem Staatssekretär, einem Großabnehmer seiner Produkte oder einem Star-Reporter nicht die Rechnung für ein Telefongespräch nach London überreichen wollen.

Mithören oder hinausgehen

Geben Sie sich während der Gesprächsdauer mit intensiver Arbeit betont desinteressiert, ohne mit Gewalt eine Geräuschkulisse aufzubauen. Sollte der Dialog etwas kritische Formen annehmen, so empfiehlt sich allerdings, zwischendurch einmal den Raum zu verlassen. In diesem Falle – wie überhaupt – wäre freilich unauffällig dafür Sorge zu tragen, daß keine vertraulichen Unterlagen in Sichtweite des Besuchers offen herumliegen.

Wie Sie Unterbrechungen in den Griff bekommen

Wenn Telefonieren Ihr Hauptjob ist (zum Beispiel im Service-Bereich, Hotlines und so weiter), dürfen Unterbrechungen nicht als Problem empfunden werden. Problematisch wird es dagegen, wenn jemand durch einen Anruf aus der Arbeit gerissen wird.

Wenn man Unterbrechungen durch das Telefon als Störung empfindet

Betrachten Sie einen Anruf grundsätzlich nicht als Störung, selbst wenn er es tatsächlich ist. Dies ist der Fall, wenn Sie einen Anruf entgegennehmen, obwohl sie gerade intensiv mit einer anderen Sache beschäftigt sind. Vor derartigen Störungen können Sie sich schützen, gleichzeitig ist zu bedenken, daß es für den Anrufer keine Störung ist. Sie setzen also gegebenenfalls dessen Vertrauen aufs Spiel, wenn Sie entsprechend aggressiv auf seinen Anruf reagieren.

Deshalb:

▷ Lächeln Sie, ehe Sie abnehmen. Ihre Stimme wird heller und freundlicher. Dies ist besonders wichtig, wenn Sie dem Anrufer höflich und bestimmt klarmachen müssen, daß Sie im Augenblick nicht telefonieren können.

▷ Grüßen Sie kurz und freundlich, und warten Sie auf die Identifikation des Anrufers.

▷ Teilen Sie dem Anrufer mit, daß es jetzt nicht «geht».

Alternative:

▷ Verbessern Sie Ihre Fähigkeit, eine Gedankenkette auf einer zweiten Schiene zu parken, führen Sie das Telefonat, um sich dann nach dem Telefonat wieder einzuklinken.

▷ Notieren Sie sich ein Stichwort zu der Gedankenkette, aus der Sie gerissen werden, ehe Sie den Hörer abnehmen.

Wie man reagiert, wenn der Anrufer gleich losredet

▷ Warten Sie, bis der TP das erste Mal Luft holt.
   Nachteil: Sie müssen ihn unterbrechen.
   Vorteil: Sie können bereits die Dringlichkeit des Anliegens und die Frage nach der Zuständigkeit abschätzen.

Verhörsituation am Telefon

Häufig wird ein halber Lebenslauf abverlangt, bevor man weiterverbunden wird, was einer Verhörsituation gleichkommt. Die häufigste unerwünschte Frage ist die nach dem Grund eines Anrufs («Worum handelt es sich denn?» «In welcher Angelegenheit rufen Sie an?»). Hier kann beim Anrufer leicht der Eindruck entstehen, man wolle ihn aushorchen. Er soll aber genau das gegenteilige Gefühl haben, nämlich: hier bin ich an der richtigen Stelle. Signalisieren Sie dem Anrufer deshalb:

▷ Wir sind für Ihr Anliegen da.

▷ Wir wollen etwas für Sie tun, dafür brauchen wir nur eine kurze Information.

Fragen Sie deshalb gezielt nach Akten- und Diktatzeichen, Betreff eines Briefes, Mitglieds-, Kunden-, Objekt- oder Versicherungsnummer, Bestell- oder Rechnungsnummer: «Darf ich Sie um... bitten?» «Würden Sie mir bitte... nennen?» Solche Fragen vermitteln das Gefühl individueller Behandlung und haben nichts mit Aushorchen zu tun. Weitere Möglichkeiten:

– «Darf ich Sie um eine kurze Vorabinformation für Herrn XYZ bitten?»

– «Ist Herrn XYZ der Sachverhalt bekannt?»

– «Darf ich mir zum Sachverhalt eine kurze Notiz machen?»

– «Möchten Sie eine Nachricht hinterlassen?»

– «Wünschen Sie, daß ich Herrn XYZ etwas übermittle?»

Der gewünschte Gesprächspartner ist nicht zu sprechen

Jemand ruft an und möchte Ihren Chef sprechen. Dieser ist nicht zu erreichen:

▷ Sie bitten den Anrufer, in einer halben Stunde noch einmal anzurufen.

▷ Sie bieten dem Anrufer einen Rückruf an, sobald Herr... erreichbar ist.

Am besten fragen Sie gleich: «Was darf ich für Herrn... notieren?» So kann sich Ihr Chef auf den Rückruf vorbereiten.

Angenommen, Herr... ruft nach einer halben Stunde zum zweiten Mal an und ist enttäuscht, da Sie ihm erklären müssen,

Ihr Chef sei immer noch nicht zu sprechen («ist in einer Besprechung», «ist außer Haus», «telefoniert gerade»).

Was sagen Sie dem Anrufer dann? – Zunächst sollten Sie ihm Ihr Bedauern ausdrücken. Dann ist es aber wichtig, daß Sie auf jeden Fall Hilfe anbieten («Wie kann ich Ihnen helfen?»).

Im umgekehrten Fall, wenn Sie einen Geschäftspartner nicht erreichen, sagen Sie der Telefonistin oder einem seiner Mitarbeiter beziehungsweise fragen Sie:

– «Gut, ich rufe dann um … nochmals an.»
– «Wann ist er zu erreichen?»
– «Wer kann mir ebenfalls kompetente Auskunft geben?»
– «Dann richten Sie ihm bitte folgendes aus: …»
– «Er möchte mich bitte am … gegen … Uhr anrufen. Es geht um …»
– Das ist so wichtig, daß ich Sie bitte, ihn bei einer Besprechung kurz zu unterbrechen.»
– «Er hat mir aber ausdrücklich gesagt, daß ich ihn jetzt anrufen soll.»
– «Dann sende ich Ihnen entsprechende Unterlagen zu.»
– «Kann ich Herrn … abends oder privat erreichen?»

Mißverständnisse schaffen Mißverhältnisse

Präzise Formulierungen beugen Mißverständnissen vor. Machen Sie deshalb möglichst konkrete Aussagen, zum Beispiel:

statt	genauer
– vor ein paar Tagen	– am Montag, 5. September
– häufig	– viermal
– dringend	– spätestens bis Mittwoch
– ein Mitarbeiter von Ihnen	– Ihre Bereichssekretärin, Frau Schwarz

Vergewissern Sie sich durch Rückfragen, ob Sie und Ihr GP von derselben Sache sprechen: «Wir sprechen doch von dem geplanten Workshop in Heidelberg, nicht wahr, der im September stattfinden soll?!» Stellen Sie unbedingt Klärungsfragen, wenn Sie etwas nicht verstanden haben. Fassen Sie gegebenenfalls abschließend das Wesentliche kurz zusammen.

Wie Sie Ihr Verhalten am Telefon verbessern können – eine Auswahl von Standardempfehlungen

► Konzentrieren Sie sich beim Telefonieren ausschließlich auf das Gespräch und den GP, und vermeiden Sie es, nebenbei etwas anderes zu tun.

► Stellen Sie das Rauchen, Essen und Trinken ein.

► Lächeln Sie, bevor Sie den Hörer abnehmen – und ab und zu auch während des Telefonats.

► Kommunizieren Sie während des Telefonats nicht mit anderen, zum Beispiel durch Gestik oder Mimik.

► Unterbrechen Sie den GP möglichst nicht bei seinen Ausführungen.

► Sprechen Sie den GP auch während des Gespräches häufiger mit Namen an.

► Vermeiden Sie möglichst Ausdrücke wie «O.K.» oder «Alles klar», wenn Sie nichts geklärt haben.

► Weichen Sie nicht von einem sachlich-höflichen Ton ab; dies gilt insbesondere beim Umgang mit einem unsachlichen GP, bei Unterstellungen oder unzutreffenden Behauptungen, bei Kritik oder bei Reklamationen.

► Halten Sie bei Meinungsverschiedenheiten Sachliches und Persönliches auseinander.

► Vergewissern Sie sich während eines Telefonats durch Rückfragen, daß Ihr GP Ihre Ausführungen verstanden hat.

- Sprechen Sie nicht zu leise und nicht zu schnell. Sprechen Sie auch in Streßsituation oder bei Erregung möglichst in ruhigem Ton.
- Nennen Sie deutlich Ihren Namen.
- Verwenden Sie bei Eigennamen das Buchstabieralphabet.
- Signalisieren Sie Interesse durch Feedback bei längerem Zuhören.
- Sprechen Sie dynamisch, engagiert und mit ausgewogener Betonung.
- Rufen Sie pünktlich und zuverlässig zurück, wenn Sie es versprochen haben.
- Bieten Sie einen Rückruf an, um längere Suchaktionen auf Kosten des Anrufers zu vermeiden.
- Geben Sie Hilfestellung, verbinden Sie mit einem Vertreter oder bieten Sie einen Rückruf an, wenn der gewünschte GP nicht erreichbar ist.
- Halten Sie erforderliche Unterlagen bereit.
- Halten Sie den Hörer beim Niesen, Husten oder explosivem Lachen beiseite.
- Vergewissern Sie sich bei vertraulichen Gesprächen, ob der Angerufene auch frei sprechen kann.
- Informieren Sie die Telefonzentrale über Zuständigkeiten und Veränderungen im Hause.
- Informieren Sie den Anrufer, daß weiterverbunden wird und mit wem.
- Entschuldigen Sie sich, wenn eine falsche Verbindung zustande kam.
- Formulieren Sie Aussagen und Ausführungen präzise.
- Wiederholen Sie wichtige Informationen während des Gespräches.
- Führen Sie durch überlegte Fragetechnik zum Gesprächsziel.
- Sagen Sie öfter «bitte» und «danke».
- Danken Sie am Schluß eines Gespräches für den Anruf.
- Fertigen Sie eine Gesprächsnotiz an.
- Geben Sie wichtige Informationen sofort nach dem Telefonat an die zuständigen Mitarbeiter weiter.

10 BUCHSTABIERTECHNIK

Auch heute noch kommt es vor, daß man ein Ferngespräch anmeldet, wenn man beispielsweise bei einem Teilnehmer in Bangladesh eine bestimmte Person persönlich an den Apparat bekommen möchte. Dabei sind folgende Regeln zu beachten: Das Fernmeldeamt meldet sich mit einer Platznummer. Diese Platznummer sollte sich die Sekretärin notieren, damit bei späteren Rückfragen das Fernmeldeamt eine einfachere Arbeit hat. Man nennt beim Anmelden zuerst den Ort, dann die Rufnummer des Teilnehmers. Zuletzt kommt die eigene Rufnummer. Nicht vergessen, Sonderwünsche wie Gesprächsart oder Gebührenansage anzugeben. Üblich ist auch, daß die Sekretärin auf einer vollständigen Wiederholung des Auftrages besteht. Wird ein angemeldetes Gespräch nicht mehr benötigt, so sollte man die Streichung sofort beantragen. Ist das Gespräch bereits eingeleitet, wird auch bei Verzicht ein Teil der Gebühren berechnet.

Beim Buchstabieren der Worte, insbesondere bei Eigennamen, bedient man sich eines Buchstabieralphabetes. Ist bei der Gesprächsvermittlung eine ausländische Fernsprechvermittlung tätig, sollte das internationale Alphabet verwendet werden.

▷ Buchstabiert wird nach dem Muster: «Berlin» – Berta (nicht: B wie Berta) – Emil – Richard – Ludwig – Ida – Nordpol.

▷ Bei der Zahlenaussprache empfehlen sich folgende Benennungen: 2 = zwo, 10 = eins null, 20 = zwo null, 100 = eins hundert.

▷ Bei den Monatsnamen Juni und Juli empfiehlt sich, wie folgt vorzugehen: Juni = Juno, Juli = Julai.

▷ DM wird nicht Dora, Martha, sondern «Deutsche Mark» gesprochen.

Buchstabieralphabete

	Deutsch	Englisch	Amerikanisch	Französisch	International	International (aero)	ICAO*
A	ANTON	Alfred	Abel ('eibel)	Anatole	Amsterdam	Alfa	Alfa
Ä	ÄRGER						
B	BERTA	Benjamin	Baker	Berthe (Benjamin)	Baltimore	Bravo	Bravo
C	CÄSAR	Charles	Charly	César	Casablanca	Coca	Charlie
CH	CHARLOTTE						
D	DORA	David	Dog	Désiré	Danemark	Delta	Delta
E	EMIL	Edward	Easy	Emile (Edouard)	Edison	Echo	Echo
F	FRIEDRICH	Frederick	Fox	François	Florida	Foxtrot	Foxtrot
G	GUSTAV	George	George	Gaston	Gallipoli	Golf	Golf
H	HEINRICH	Harry	How	Henri	Havana	Hotel	Hotel
I	IDA	Isaac	Item	Isidore	Italia	India	India
J	JULIUS	Jack	Jig	Jean	Jerusalem	Juliet	Juliet
K	KAUFMANN	King	King	Kléber	Kilogramme	Kilo	Kilo
L	LUDWIG	London	Love	Louis (Lazare)	Liverpool	Lima	Lima
M	MARTHA	Mary	Mike	Marie	Madagascar	Metro	Mike
N	NORDPOL	Nellie	Nan	Nicolas	New York	Nectar	November

* International Civil Aviation Organisation

	Deutsch	Englisch	Amerikanisch	Französisch	International	International (aero)	ICAO*
O	OTTO	Oliver	Oboe ('oubou)	Oscar	Oslo	Oscar	Oscar
Ö	ÖKONOM						
P	PAULA	Peter	Peter	Paul (Pierre)	Paris	Papa	Papa
Q	QUELLE	Queeny	Queen	Quebec	Québec	Quebec	Quebec
R	RICHARD	Robert	Roger	Robert	Roma	Romeo	Romeo
S	SAMUEL	Samuel	Sugar	Suzanne (Samuel)	Santiago	Sierra	Sierra
SCH	SCHULE						
T	THEODOR	Tommy	Tare	Théophile (Théodore)	Tripoli	Tango	Tango
U	ULRICH	Uncle	Uncle	Ursule	Upsala	Union	Uniform
Ü	ÜBERMUT						
V	VIKTOR	Victor	Victor	Victor	Valencia	Victor	Victor
W	WILHELM	William	William	Wagon	Washington	Whiskey	Whiskey
X	XANTHIPPE	X-ray	X (eks)	Xavier	Xanthippe	Extra	X-ray
Y	YPSILON	Yellow	Yoke	Yvonne	Yokohama	Yankee	Yankee
Z	ZACHARIAS	Zebra	Zebra	Zoé	Zürich	Zulu	Zulu

11 DOKUMENTATION VON TELEFONGESPRÄCHEN: TELEFONNOTIZEN

Nach jedem Gespräch eine Telefonnotiz?

Die Sekretärin hält jeden Anruf, der für andere von Belang ist, in einer Telefonnotiz fest. Nicht nur Anrufe, die ihren Chef interessieren, sind Gegenstand einer solchen Notiz, sondern auch die Gespräche, die sie selbst führt.

Am Telefon getroffene Vereinbarungen können rechtsverbindlich sein (es sei denn, die Schriftform wird zwingend verlangt). Deshalb sollte bei wichtigen Gesprächen immer eine Telefonnotiz angefertigt werden. In manchen Fällen ist es auch wichtig, die besprochenen Inhalte durch eine schriftliche Gesprächsbestätigung abzusichern. Eine schriftliche Gesprächsbestätigung enthält Gesprächsdatum, Name und Firma des GP sowie die Besprechungspunkte und Ergebnisse. Wird der Bestätigung nicht innerhalb circa zwei Wochen widersprochen, gelten die Punkte als vereinbart.

Telefonnotizen werden in der Regel während eines Telefonats angefertigt. Handelt es sich um ein Gespräch mit wichtigem Inhalt, ist es empfehlenswert, das Wesentliche noch einmal maschinenschriftlich in Form einer Telefonnotiz oder als Gesprächsnotiz festzuhalten.

▶ **Tips:**

– Teilen Sie dem GP eventuell mit, daß Sie etwas notieren, zum Beispiel: «Ich notiere mir das.» Damit signalisieren Sie ihm, daß er wichtige Angaben etwas langsamer, das heißt zum Stenographieren beziehungsweise zum Mitschreiben spricht. Durch hörbares Mitsprechen am Telefon bestimmen Sie die Sprechgeschwindigkeit des GP.

- Achten Sie bei Namen, die Sie mitschreiben wollen, auf die richtige Schreibweise, und lassen Sie sich einen Namen eventuell buchstabieren. Umgekehrt: Buchstabieren Sie schwierige Namen ohne Aufforderung.
- Wenn Ihnen der GP rät, etwas zu notieren (was Sie ohnehin zu tun beabsichtigen), entwerten Sie seinen Rat nicht durch: «Ich bin schon dabei.» Oder: «Das muß ich mir nicht notieren.» Sagen Sie vielmehr ein kurzes «Danke!»
- Wiederholen Sie die notierten Angaben zur eventuellen Korrektur. Dies ist wichtig bei Telefonnummern, Terminangaben und ähnlichem.

Wenn Sie ein Diktiergerät verwenden, das heißt, wenn Sie bestimmte Angaben während des Anrufs sofort auf das Gerät sprechen, sollte der GP wissen, was Sie diktieren. Sprechen Sie seine Worte nach. Daß Sie ein Diktiergerät benutzen wollen, können Sie so ankündigen: «Aus Zeitgründen benutze ich ein Diktiergerät. Sie haben doch sicher nichts dagegen, wenn ich nun die wichtigsten Punkte kurz auf Band wiederhole?»

Nach dem Telefongespräch

▶ Vervollständigen Sie Ihre Gesprächsnotiz.
▶ Veranlassen Sie sofort, was zu tun ist (Informationen weitergeben, Termine bearbeiten, Briefe schreiben).
▶ Kurz über den Gesprächsverlauf nachdenken – Was war gut? Was sollte ich das nächste Mal verbessern?
▶ Prüfen Sie, ob die Gesprächsdauer angemessen war.

Wie eine Telefonnotiz (Gesprächsnotiz) aussieht
Telefon- beziehungsweise Gesprächsnotizen sind
– prägnant formuliert,
– sachbezogen,
– überschaubar gegliedert.

Als Betreff enthalten sie einen Kerngedanken. Auf alle Fälle sollten auch der Name und Telefonanschluß des Anrufers und, wenn Sie für einen Mitarbeiter ein Telefongespräch entgegennehmen, der Name des Adressaten notiert werden.

Für Telefonnotizen kann ein weißes Blatt, nicht kleiner als DIN A5, oder ein Formular verwendet werden. Viele Unternehmen verwenden für Standardsituationen eigene Formulare. Geeignet ist auch der Stenogrammblock, auf dem Sie immer wieder nachschlagen können. Nachteilig ist dieses Verfahren, wenn Sie Ihre Notiz weitergeben oder ablegen wollen – Sie müssen dann noch einmal ein Formular ausfüllen.

Strukturierung einer Telefonnotiz

► Kopf der Telefonnotiz:
 - Abteilung
 - Datum und Uhrzeit des Anrufs
 - Gesprächsteilnehmer (Unternehmen, Abteilung, Telefonnummer, Adresse)
 - eventuell Adressat des Anrufs
 - Name des Anrufempfängers
 - Grund/Anlaß des Anrufs
► Inhalt des Gespräches
► Schluß der Telefonnotiz
 - Es wurde bereits veranlaßt...
 - Es ist noch zu veranlassen...
 - Unterschrift/Handzeichen des Verfassers der Notiz

- Verteiler
- Erledigungsvermerk

Es kommt darauf an, daß der Verfasser einer Telefonnotiz exakt festhält, was wichtig ist. Die Angaben sollten vollständig und übersichtlich sein. Die Telefonnotiz ist kein Brief, sondern lediglich eine Notiz, was besonders bei der Formulierung zu beachten ist:

1. Die Telefonnotiz sollte ohne Rückfragen verständlich sein. Der Verfasser muß sich trotz der gebotenen Kürze präzise ausdrücken.

2. Das Ziel der Telefonnotiz sollte auf den ersten Blick klar sein – der Leser muß sofort erkennen:
   - Ist die Telefonnotiz eine bloße Information?
   - Muß er zu einem bestimmten Zeitpunkt etwas erledigen?
   - Kann er alleine handeln, oder ist eine Absprache mit anderen Mitarbeitern notwendig?
   - Ist die Angelegenheit wichtig?

Zur Weitergabe einer Telefonnotiz gehören auch Unterlagen, die für die entsprechende Bearbeitung notwendig sind.

MUSTER einer Telefonnotiz

Telefonnotiz

Abteilung _____

Tag/Zeit: _____ , _____ Uhr

Gesprächspartner: Frau/Herr _____

                       Unternehmen _____

                       Straße, PLZ Ort _____

                       Telefonnummer _____

Anruf für: Frau/Herrn _____

Aufgenommen von: _____

Betreff: _____

Inhalt: _____

                       _____

                       _____

                       _____

                       _____

                       _____

Bereits veranlaßt: _____

Noch zu veranlassen: _____

(Unterschrift)

Verteiler

_____

_____

Erledigungsvermerk: _____

Beispiel:
Das Telefonat wird zur Telefonnotiz

Beispiel für eine Telefonnotiz Wortlaut des Telefongespräches	Umformung des Telefonats in eine Telefonnotiz
Frau Vlach (V): Russeck KG, Vlach, guten Tag.	Betreff: Verkaufsbezirk Brandenburg Tag/Zeit: 24.06, 11.15 Uhr
Herr Sichtermann (S): Guten Tag, Frau Vlach, hier spricht Sichtermann. Ich rufe aus Fürstenwalde an.	Anrufer: Herr Sichtermann (Fürstenwalde) Inhalt:
V: Hat es mit den Aufträgen geklappt?	
S: Ja, 15 Aufträge über Postausgangsmaschinen, Modell 4, habe ich im Raum Brandenburg bekommen. Die habe ich Ihnen aber schon mit der Post geschickt. Es gibt da noch ein paar andere Dinge, die sehr eilig sind. Deshalb rufe ich auch an.	1. Aus Brandenburg 15 Aufträge über PA-Maschinen, Mod. 4, soeben an uns abgesandt.
V: Nun schießen Sie mal los. Ich mache mir Notizen.	
S: Da ist zunächst einmal die Reklamation der Büroorganisation Ranke in Potsdam. Allmählich wird man dort deswegen ungehalten, weil immer noch das Ersatzteil XYZ 007 für die Abfertigung in der Postausgangsstelle fehlt.	2. Büroorganisation Ranke in Potsdam reklamiert wegen Ersatzteil XYZ 007.

V: Oh, gut, daß Sie mich daran erinnern. Ich muß da ja unbedingt nachhaken. Geht noch heute raus. Das Ersatzteil. Als Schnellieferung mit DPD.

S: Gut. Sehr gut. Ich hatte schon befürchtet, Ranke als Kunden zu verlieren. Die Sache wäre also erledigt. Ich kann mich doch auf Sie verlassen? Es gibt da allerdings noch eine Reklamation.

V: Ich höre.

S: Das Bekleidungshaus Johan Kampala in Finsterwalde hat doch Anfang des Jahres eine Frankiermaschine von uns bekommen. Die haben damit ständig Probleme. Die Maschine ist nicht einwandfrei.

3. Bekleidungshaus Johan Kampala, Finsterwalde, reklamiert die Anfang des Jahres gelieferte Frankiermaschine.

V: Am besten Sie rufen gleich von Fürstenwalde aus unseren Berliner Kundendienst in Köpenick an. Sprechen Sie mit Herrn Waldmann. Der ist zuständig. Er kann sich darum kümmern und die Sache noch in dieser Woche in Ordnung bringen.

Mein Vorschlag: Herr Sichtermann soll KD in Köpenick mit Erledigung beziehungsweise Reparatur beauftragen.

S: Alles klar. Erledige ich.

V: Gibt es noch etwas Erfreuliches?

S: Sicher. Die Bürotechnik Warner in Cottbus hat großes Interesse an unseren Falzmaschinen. Könnten Sie bitte die Ausarbeitung eines Angebots veranlassen? Ganz allgemein, ohne spezifische Angaben.

V: Natürlich. Ich kümmere mich sofort darum. Glauben Sie tatsächlich, daß wir Warner als neuen Kunden gewinnen können?

S: Ich habe jedenfalls den Eindruck, daß Sie uns anderen Wettbewerbern vorziehen. Sicher wäre es angezeigt, ein «Bonbon» in das Angebot einzuarbeiten.

V: Gute Idee. Überlege ich mir mal. Was haben Sie in der nächsten Woche vor? Welche Route? Welche Kunden wollen Sie besuchen? Herr Löffel hat sich schon danach erkundigt.

S: Als nächstes ist der Raum um Potsdam dran – Schwerpunkt Süden.

V: Bitte melden Sie sich von dort. Schicken Sie Herrn Löffel oder mir ein Fax, falls es etwas Besonderes gibt.

S: Selbstverständlich, Frau Vlach

4. Bürotechnik Warner, Cottbus, erwartet unser Angebot über Falzmaschinen.

5. Route Sichtermann für 36. KW: Potsdam (Schwerpunkt Süden).

Weitere Maßnahmen:

zu 2: Ersatzteil noch heute absenden (DPD, Schnellieferung)

V: Wann kommen Sie wieder mal hierher? Übernächste Woche? Das Schachturnier steht doch bevor.

S: Daran habe ich auch schon gedacht. In zwei Wochen bin ich dort und komme zu Ihnen ins Office.

V: Freue mich auf Ihren Besuch – und Herr Löffel wird sich sicher auf die Schachpartie freuen!

S: Ich freue mich auch. Auf Wiedersehen!

V: Auf Wiedersehen, Herr Sichtermann.

zu 4: Angebot mit 20 % an Warner (Kopie Sichtermann)

gez. Vlach

12 MÖGLICHKEITEN DER NACHRICHTENÜBER-MITTLUNG: NUTZUNG NEUER TECHNOLOGIEN (AUSWAHL)

Aufgabengerechter Telefoneinsatz

Wenn das Telefon die Organisation und die Kommunikation verbessern und die Kosten noch verringern helfen soll, muß man die verschiedenen Einsatzmöglichkeiten des Fernsprechers beziehungsweise von Telefonleitungen kennen und soweit wie möglich auszuschöpfen wissen.

Anrufbeantworter

Die rasante technische Entwicklung der letzten Jahre zeigt sich auch am Beispiel Anrufbeantworter. Mit der Kombination Telefon und Anrufbeantworter können eingehende Informationen mitgehört und/oder aufgezeichnet werden. Für die Sekretärin ist von Vorteil, wenn die Aufzeichnung auf einer im Diktiergerät verwendbaren Kassette erfolgt. Der Chef kann, wenn es notwendig ist, durch die Fernabfrage auf dem Anrufbeantworter eingegangene Anrufe abhören usw.

Im Sekretariat sollte der Anrufbeantworter bei Abwesenheit gezielt zum Einsatz kommen und dem Anrufer die Bereitschaft signalisieren, daß man sich sobald wie möglich seinem Anliegen widmen wird. Der Anrufbeantworter sollte keinesfalls Ersatz für den persönlichen Telefonkontakt sein. Zu bedenken ist, daß ein Anrufer, der wiederholt aufgefordert wird, seine

Botschaft aufzusprechen, frustriert und dem gewünschten GP gegenüber eher negativ eingestimmt wird.

Bei der Wirkung der Ansage auf dem Anrufbeantworter geht es um zwei Dinge:
1. Wie klingt die Ansage (akustisch)?
2. Was vermittelt die Ansage (inhaltlich)?
Eine langatmige, dümmliche Ansage wird den Anrufer «abschrecken».

Zur akustischen Wirkung Ihrer Ansage gehören:
▷ Stimme
Die Stimme verrät die Professionalität des Sprechers – ein Azubi wird in der Regel weniger überzeugend klingen als ein langjähriger Mitarbeiter.
▷ Aussprache
Bitten Sie einen Mitarbeiter, Sie anzurufen und Ihre Firmenidentifikation zu notieren, und lassen Sie ihn die Verständlichkeit Ihrer Ansage beurteilen.

Welche Ansage ist für den Anrufbeantworter geeignet?
Tatsache ist, daß viele Anrufer trotz der Aufforderung, eine Nachricht zu hinterlassen, diese nicht befolgen und auflegen. Häufig geschieht das spontan, man ist ärgerlich, weil man den gewünschten Teilnehmer nicht erreicht hat, oder man ist sich nicht sicher, wen die aufgesprochene Botschaft tatsächlich erreichen wird. Häufig ist der Anrufer aber auch überfordert, sein Anliegen als kurze und präzise Nachricht zu formulieren. Selbst im geschäftlichen Bereich ist die Ansage des Anrufbeantworters derartig umständlich und lang, daß Auflegen geradezu erforderlich wird. Manche Anrufer reagieren ungehalten, wenn sie schon x-mal vergeblich Ihr Anliegen auf Band gesprochen haben, ohne daß der erbetene Rückruf erfolgt ist.

Sofern ein Anrufbeantworter zum Inventar gehört, sind diese Punkte beim Einsatz beziehungsweise bei der Formulierung einer Ansage zu bedenken. Die Ansage sollte im geschäftlichen Bereich zweckorientiert – also kurz und präzise – sein. Die Kürze ist besonders wichtig, denn jede Ausschweifung geht zu Lasten der Telefonrechnung des Anrufers. Hinweise auf die Angabe des Namens, der Rufnummer usw. sind mittlerweile nahezu überflüssig, denn die Arbeitsweise eines Anrufbeantworters ist – anders als vor einigen Jahren – auf breiter Basis bekannt.

Texte, die über eine kurze Information hinausgehen, werden jedoch sehr unterschiedlich bewertet.

▶ Beispiele

- *Grüß Gott, hier spricht der automatische Anrufbeantworter..., wir sind zur Zeit nicht zu erreichen...* – negativ formulierter Text; besonders penetrant (*«zur Zeit»*), wenn der Anrufbeantworter nonstop eingeschaltet ist; außerdem ist das Wort *«automatischer»* überflüssig und: der Anrufbeantworter kann nicht sprechen
- *Ich bin unterwegs. Bitte: Auf Pfeifton warten, Nachricht hinterlassen, jetzt sprechen...* – negativ formulierter Text, Kurzform wirkt aber dynamisch
- *Jetzt, wo Sie gerade anrufen, bin ich leider nicht da, schade. Machen wir das Beste daraus. Wenn es nachher piept, dann sagen Sie mir bitte...* – viel zu langer, etwas dümmlich formulierter Text; *«leider»* und *«schade»* sind Leerfloskeln.
- *Telefonautomat 00 00 00. Ihr Anruf ist mir sehr wichtig. Bitte hinterlassen Sie Ihre Nachricht nach dem Signal – wir rufen Sie heute noch an.* – positiv formulierter Text, aber zu lang und peinlich, wenn der versprochene Rückruf nicht eingehalten wird. Der Hinweis auf die Wichtigkeit ist überflüssig, eine aus der Luft gegriffene Feststellung.

▶ Tip:

Sie sollten Personen, die tagsüber außer Haus sind (Handwerker, Freiberufler, Architekten, Versicherungsvertreter und so weiter) abends anrufen, denn oft wird beim Abhören (meist frühmorgens) folgendermaßen verfahren: Der Angerufene hört die Nachrichten der Reihe nach ab und macht sich kurze Notizen. Dann beginnt er, die Anrufe rückwärts abzuarbeiten. Das heißt: «Die letzten werden die ersten sein.»

Was bei der Ansage für einen Anrufbeantworter am Arbeitsplatz zu beachten ist

► Nennen Sie Ihren Namen oder den Firmennamen.

► Geben Sie möglichst präzise Informationen, die Dauer Ihrer Abwesenheit betreffend.

► Sagen Sie, wann Sie erreichbar sind beziehungsweise wann Sie sich «melden», nur dann, wenn Sie sich an die Angaben auch halten können.

► Formulieren Sie, wenn dies sinnvoll ist, als Frage (zum Beispiel «Was kann ich für Sie tun?»). Darauf reagiert der Anrufer bereitwilliger.

► Fordern Sie (in Form einer Frage) den Anrufer eventuell auf, etwas zu tun (zum Beispiel «Rufen Sie mich um 15.00 Uhr noch einmal an?»).

► Musikalische Untermalung ist überflüssig – sie stört viele Anrufer.

► Sprechen Sie nicht gehetzt und atemlos oder mit Grabesstimme (besser mit einer fröhlichen Morgenstimme!). Heben Sie die Stimme am Satzende.

► Versuchen Sie, mit freundlichem Tonfall dem Anrufer die «Enttäuschung» zu nehmen, daß er Sie nicht erreicht hat.

► Gewähren Sie dem Anrufer ausreichend Zeit zum Aufsprechen seiner Nachricht. Falls das Zeitlimit für den Anrufer aber ausgesprochen kurz ist, zum Beispiel weniger als 60 Sekunden, teilen Sie ihm dies in Ihrer Ansage mit.

► Der Anrufer erwartet normalerweise den gewünschten GP. Ein allzu unpersönlicher Text vom Anrufbeantworter wirkt daher schroff und abweisend. Dagegen baut eine verbindlich formulierte, freundlich gesprochene Ansage Brücken.

Welche Angaben die Nachricht enthalten sollte, die Sie auf dem Anrufbeantworter eines Geschäftspartners hinterlassen

▶ Beginnen Sie nach Ihrer Identifizierung mit dem Gruß. Ist bekannt, wer das Band abhört, können Sie diese Person auch mit Namen ansprechen. *Beispiel:* «...Guten Morgen, Frau Regler, könnten Sie bitte...» klingt besser als: «Guten Morgen, könnten Sie mir bitte...»

▶ Für den Fall eines Rückrufes geben Sie die Telefonnummer an, unter der Sie zu erreichen sind, eventuell mit genauer Zeitangabe.

▶ Name, Telefon- und/oder Telefaxnummer oder Adresse sollten Sie insbesondere dann, wenn Sie dem GP unbekannt sind, langsam und deutlich mit Pausen zum Mitschreiben ansagen.

▶ Schwierige Namen sollten Sie buchstabieren, Zahlen wiederholen.

▶ Deuten Sie zu Beginn Ihrer Nachricht an, worum es geht: Entweder wollen Sie nur um einige Unterlagen oder einen Rückruf bitten, also eine kurze Nachricht hinterlassen, oder aber Sie möchten ein Problem schildern. Der Empfänger kann sich dann beim Abhören besser darauf einstellen und eventuell zur nächsten Nachricht springen, um später auf Ihr Anliegen zurückzukommen.

▶ **Tip:**

Bevor Sie sich verheddern (weil Sie sich auf das Telefongespräch nicht vorbereitet haben), sollten Sie auflegen und noch einmal – nach Ordnen Ihrer Gedanken – anrufen.

Vergessen Sie nicht, sich zu verabschieden und vorsichtshalber Ihre Identifikation zu wiederholen. Auch wenn Sie sicher sind, daß der Angerufene Ihre Telefonnummer hat, sollten Sie diese noch einmal ansagen. Er könnte sie (z. B. im Anschluß an Fernabfragen) gerade nicht greifbar haben.

Mobilkommunikation

An allen möglichen Orten wird heute telefoniert – viele Nutzer eines Mobilfunktelefons machen sich dabei lächerlich, andere fallen unangenehm auf (z. B. wenn sie beim Warten in einer Schlange vor dem Bankschalter oder im Restaurant telefonieren), wieder andere riskieren die Verkehrssicherheit (z. B. beim Telefonieren während der Autofahrt – was in Deutschland nicht verboten ist).

Bei der Mobilkommunikation wird unterschieden zwischen
▷ Handtelefonen (kurz: Handy)
   Sie können überall mitgenommen oder in einer besonderen Vorrichtung im Auto installiert werden
▷ tragbaren Funktelefonen
   Sie werden im Fahrzeug eingebaut, können aber problemlos wieder herausgenommen werden.
▷ fest eingebauten Autotelefonen

Abhängig vom Netz, über das die jeweiligen Mobilfunktelefone betrieben werden (über das analoge C-Netz oder über die digitalen Netze Dl, D2 und E-plus), erhält der Teilnehmer eine auf ihn ausgestellte Berechtigungskarte (Telekarte), die die Funktelefonnummer und die Sicherheitsnummer zur Identifizierung des Teilnehmers in dem jeweiligen Netz enthält, wobei die PIN (Personal Identification Number) gegen Mißbrauch schützt. Die Funktelefonnummer ermöglicht es, auch von dem Anschluß eines anderen Teilnehmers (z. B. aus einem Taxi) «auf eigene Rechnung» zu telefonieren.

Zusätzliche (kostenlose) Leistungsmerkmale von Mobiltelefonen sind beispielsweise:
▷ Anrufumleitung: Anrufe können zu jedem stationären oder mobilen Anschluß umgeleitet werden.

▷ Operatordienste: Die mit einer bundesweit einheitlichen Rufnummer ausgestatteten Dienste (z. B. Sekretariats-Service, Travel-Service) können erreicht werden.
▷ Sprachbox: Selbst bei abgeschaltetem Mobiltelefon können Nachrichten (wie bei einem Anrufbeantworter) gespeichert werden.

Wirklich effizient werden Mobiltelefone nur dann genutzt, wenn man sie als Instrument für ein Team – beispielsweise Chef und Sekretärin – betrachtet. Ein Anruf während der Fahrt schränkt die Konzentration auf das Verkehrsgeschehen ein und ist deswegen riskant. Ein Autotelefon sollte deshalb grundsätzlich nur dann angerufen werden, wenn dafür auch ein triftiger Grund vorliegt. Für die Sekretärin heißt das:

▷ Beim Vorliegen einer wichtigen Information bitten Sie Ihren Chef im Auto, Sie beim nächsten Stopp anzurufen.
▷ Geben Sie die Autotelefonnummer nicht an Dritte (beispielsweise an Kunden, Lieferanten) weiter. Ihr Chef ist sonst möglicherweise einem unkontrollierten Anrufaufkommen (bei fehlender «Vorzimmerschranke») ausgesetzt.
▷ Stellen Sie sicher, daß die Verbindung zum Autotelefon Ihres Chefs nur über Sie läuft, es sei denn, Ihr Chef wünscht diese Sicherheitsmaßnahme nicht.

Die Verkehrssicherheit beim Einsatz eines Autotelefons läßt sich durch eine sogenannte Freisprecheinrichtung erhöhen. Gesprochen wird dabei in ein im Fahrzeug installiertes Mikrofon. Gehört wird über einen Lautsprecher – der Fahrer hat beide Hände frei. Wer ein Mobiltelefon mit Freisprecheinrichtung benutzt, sollte bedenken, daß über den Lautsprecher einer solchen Anlage natürlich auch eventuelle Mitfahrer jedes Gespräch verfolgen können. Deshalb sollte man sich hier auf eine Sprachregelung verständigen, die unerwünschtes Mithören verhindert. Leiten Sie beispielsweise ein Gespräch mit

Ihrem Chef mit dem Satz ein: «Ich habe eine Information für Sie. Können Sie mich bitte wieder anrufen?» Je nach Situation wird er antworten: «Bitte sprechen Sie!» (bedeutet: niemand hört mit) oder: «Ich rufe Sie wieder an!» (was beispielsweise heißen kann, daß er nicht allein im Auto ist).

Für Anrufe vom Auto aus bieten über einen Sprachcomputer akustisch bediente Autotelefone der Spitzenklasse ein Höchstmaß an Sicherheit. Die Hände können am Lenkrad bleiben, die Augen müssen nicht zur Anzeige wandern. Einzig Stimme und Gehör werden dabei noch beansprucht. Nachteil der Sprachsteuerung ist, daß der Sprachcomputer auf die Stimme des Benutzers fixiert ist.

Programmierung von Telefonnummern
Die Vorbereitung des Mobiltelefons für den Bedarf des Chefs sollte Aufgabe der Sekretärin sein. Sie weiß aus Erfahrung, welche Telefonverbindungen sie oft herstellt, oder aus der jeweiligen Reisevorbereitung, welche Nummern zusätzlich gespeichert werden müssen, um sie rasch abrufen zu können. Namen und Telefonnummern werden über die Tastatur eingegeben und im Speicher kombiniert angelegt. Unterwegs kann dann problemlos, zum Beispiel in alphabetischer Reihenfolge, im Telefonbuch geblättert werden. Das Display zeigt die jeweilige Telefonnummer und den dazugehörigen Namen des Anschlußinhabers an. Das Verzeichnis sollte regelmäßig aktualisiert werden.

Die Chef-Telefonanlage

Sogenannte «Chef-Telefonanlagen» ermöglichen das Filtern eingehender Telefonate, das heißt, alle eingehenden Gespräche können von der Sekretärin angenommen werden. Sofern das Gespräch an den Chef weitervermittelt werden muß, kann sie dies problemlos tun. Entsprechende Anlagen ermöglichen es, daß die Sekretärin auch jede vom Chef gewünschte Telefonverbindung herstellen und – sobald sie den gewünschten Teilnehmer erreicht hat – das Gespräch an den Chef weiterleiten kann. Darüber hinaus kann eine direkte Sprechverbindung zwischen Chef und Sekretärin aufgenommen werden. Im übrigen kann der Chef auch die von der Sekretärin geführten Gespräche mitanhören beziehungsweise sich daran beteiligen. Auf Tastendruck kann er das jeweilige Gespräch übernehmen. Der Sekretärin ist diese Option jedoch nicht ohne Einverständnis ihres Chefs möglich. Der Chef kann während eines Telefonats durch Tastendruck eine Verbindung zur Sekretärin herstellen, etwa um sie zum Mithören aufzufordern. Chef-Telefonanlagen sind zusätzlich mit einer Mithöreinrichtung ausgerüstet, die ein Mithören für alle im Raum Anwesenden ermöglicht. Das Einschalten der Mithöranlage sollte dem jeweiligen Telefonpartner mitgeteilt werden.

Telefonkonferenzen

Telefonkonferenzen sind Alternativen zu Zusammenkünften mehrerer Teilnehmer an einem Ort im In- und Ausland. Durch die Konferenzschaltung kann jeder mit Teilnehmern aus aller Welt eine Konferenz am Schreibtisch abhalten (Teilnehmerzahl je nach Anfrage). Jeder Gesprächsteilnehmer kann dabei hören, was der andere sagt, und auch am Gespräch teilnehmen. Zur guten Vorbereitung einer Telefonkonferenz gehört beispielsweise der rechtzeitige Versand aller konferenzrelevanten Unterlagen an die Teilnehmer. Zusätzlich sollte während der Konferenz ein Telefaxgerät bereitstehen, um notwendige weitere Unterlagen zur Verfügung stellen zu können.

Telefonkonferenzen werden zentral geschaltet. Insgesamt lassen sich bis zu 15 Anschlüsse miteinander koppeln. Eine

Konferenz muß spätestens eine halbe Stunde vor Beginn unter der Nummer 0130 01 61 oder per Telefax unter der Nummer 01 30 01 62 – zum Nulltarif – angemeldet werden. Die Fernvermittlung prüft, ob der geplante Termin frei ist, und reserviert die gewünschte Zeitdauer. Rechtzeitige Anmeldung trägt dazu bei, die Reservierung eines bestimmten Termins sicherzustellen. Regelmäßig stattfindende Konferenzen brauchen nur einmal angemeldet werden.

Zum gewünschten Zeitpunkt werden die Konferenzteilnehmer vom Operator-Vermittlungsservice angewählt. Sobald sich die angewählten Teilnehmer gemeldet haben, werden sie dem Anschluß des Bestellers zugeschaltet. Die Konferenz ist beendet, sobald der Besteller den Hörer auflegt.

▶ **Beispiel: Anmeldung einer Telefonkonferenz**

«... Guten Tag, ich möchte gerne eine Telefonkonferenz für den Anschluß Heidelberg ... anmelden

Zugeschaltet werden sollen fünf Teilnehmer, und zwar:

in München Rufnummer ...,

in Berlin Rufnummer ...,

in Stuttgart Rufnummer ...,

der G-Funkrufanschluß 0161 mit der Funktelefonnummer ... und

in Hamilton, Kanada, Landeskennziffer 001, area code 416, die Rufnummer ...

Das Konferenzgespräch soll am 21. Mai um 14.00 MEZ geführt werden, voraussichtliche Gesprächsdauer 20 Minuten.»

Telefonkonferenzen sollten sehr sorgfältig vorbereitet werden (siehe «Konferenzformular»). In der Regel übernimmt der Initiator der Konferenz die Begrüßung und die Vorstellung der Teilnehmer. In vielen Fällen hört die Sekretärin mit. Dazu kann ein Teilnehmer «laut» gestellt werden, so ist auch gegebenenfalls die Protokollführung gesichert.

Selbst bei Telefonkonferenzen mit externen, untereinander nicht bekannten Partnern lassen sich durch einen zügigen Informationsaustausch rasch Übereinkünfte erzielen. So können etwa in laufenden Telefonaten dringend benötigte Stellungnahmen von Dritten eingeholt werden.

Telefonkonferenzen

► **Vor der Konferenz**

Den Termin mit den gewünschten Teilnehmern vereinbaren.

Die Reihenfolge der Themen festlegen.

Alle relevanten Unterlagen eindeutig kennzeichnen, damit sie gezielt angesprochen werden können.

Zusendung der Unterlagen an die Konferenzteilnehmer.

Festlegen, welche Hilfsmittel (z. B. Telefax) während der Konferenz benutzt werden können.

Überlegen, ob bei einem Teilnehmer mehrere Personen über einen Lautsprecher an der Konferenz beteiligt werden sollen.

Ihre Telefonzentrale über die geplante Konferenz informieren und sicherstellen, daß Sie während der Konferenz nicht gestört werden.

► **Während der Konferenz**

Als Anmelder (Initiator) der Konferenz die Teilnehmer vorstellen.

Den Moderator (Diskussionsleiter) festlegen.

Den Teilnehmern erklären, daß sie vor jeder Wortmeldung ihren Namen nennen sollen, damit die Beteiligten wissen, wer spricht.

Äußerungen, Hinweise, Beiträge kurz fassen.

Bei Bedarf Informationen über die benutzten Hilfsmittel an die Teilnehmer senden.

► **Nach der Konferenz**

Als Anmelder die Konferenz durch Auflegen abmelden.

Erstellen und Versand des Gesprächsprotokolls.

Bildtelefon

Das Bildtelefon macht das Telefonieren «unter vier Augen» möglich, denn die GP sehen sich beim Gespräch. Voraussetzung für diese Dienstleistung ist ein ISDN-Anschluß. Die Komponenten eines Bildtelefons sind ein Telefon, ein Videoteil sowie eine Codier- und Decodiereinrichtung. Wenn dem Bildtelefon eine Dokumentenkamera angeschlossen ist, lassen sich auch zwei- oder dreidimensionale Vorlagen übertragen.

**Bildtelefonanwendungen
für Managementfunktionen**
Folgende Situationen veranschaulichen den möglichen Einsatz von Bildtelefonen zur Management-Unterstützung:

▷ Ihr Vorgesetzter möchte einen Sachverhalt mit einem Mitarbeiter diskutieren. Mit Hilfe der Dokumentenkamera seines Bildtelefons zeigt er einzelne Text- und Grafikstellen, um seine Ausführungen zu illustrieren. Das Bildtelefon ermöglicht so einen engeren Kontakt und Austausch, als dies über das einfache Sprachtelefon möglich ist. Zudem können auf diese Weise Arbeitsabläufe konzentriert und rationalisiert werden, da die Besprechung einer Vorlage ohne zeitliche Verzögerung möglich ist.

▷ Ihr Vorgesetzter möchte einen Mitarbeiter um eine Stellungnahme bitten und ist daran interessiert, dessen Reaktion auch sehen (Körpersprache!) zu können.

Insbesondere bei innerbetrieblichen Abstimmungsprozessen hat sich das Bildtelefon bewährt. Daß sich Bildtelefone bisher nicht durchgesetzt haben, liegt auch an der mangelnden optischen Qualität der übertragenen Bilder. Hochmoderne, qualitativ verbesserte Bildtelefone sollen diese Lücke bald schließen.

KONFERENZFORMULAR

Konferenzdaten

Tag: Rufnummer:
Uhrzeit: Raum:
Voraussichtliche Dauer:

Gegenstand – Themen – Zweck:

Anmelder   **Konferenzleiter**
Name: Name:
Stelle/Abt.:   Stelle/Abt.:
Telefon: Telefon:

Vom eigenen Haus sollen am Gespräch teilnehmen:
Name:
Stelle/Abt.:
Telefon:

Vorbereitungen
Folgende Unterlagen an die Konferenzteilnehmer senden:
Erledigt am:
durch:
Konferenzteilnehmer bis.........verständigen und Termin abstimmen.

Erledigen für Konferenzteilnehmer:
[1][2][3][4][5][6][7][8][9][10]

Konferenzverbindung bei Fernvermittlungsstelle anmelden
Erledigt am:
Durch:

Datum   Unterschrift

Andere Konferenzteilnehmer

Name
Firma/Abt./Ort
Telefon

Name
Firma/Abt./Ort
Telefon

Name
Firma/Abt./Ort
Telefon

Name
Firma/Abt./Ort
Telefon

Name
Firma/Abt./Ort
Telefon

Name
Firma/Abt./Ort
Telefon

Name
Firma/Abt./Ort
Telefon

Name
Firma/Abt./Ort
Telefon

13 TELEFONIEREN IN DER BERUFSPRAXIS

Welche Erwartungen an die Sekretärin bei der Bedienung des Telefons gestellt werden

▷ Bezüglich der Telefonbedienung erwartet Ihr Unternehmen grundsätzlich:
  – Diskretion
  – Sachlichkeit
  – Loyalität
  – imagefördernde Abwicklung von Telefongesprächen

▷ Ihr Vorgesetzter erwartet von Ihnen neben Chefentlastung, daß Sie das Know-how des Telefonierens beherrschen:
  – Vorbereitung von Telefonaten
  – rasche Weiterleitung von Informationen
  – Höflichkeit
  – Kommunikationsfähigkeit
  – Kontaktfreudigkeit
  – Selbständigkeit
  – Abschirmung
  – Engagement

Abschirmung und Chefentlastung hängen von der Persönlichkeit des jeweiligen Vorgesetzten ab. Viele leistungsmäßig unterforderte Chefs neigen dazu, selbst banale Aufgaben an sich zu reißen und ihrer Sekretärin nur geringen Entfaltungsspielraum zu geben.

▷ Ihr Gesprächspartner erwartet von Ihnen:
  – Konzentration auf seine Probleme
  – genaue Informationen
  – Verständnis
  – rasche Hilfe bei der Lösung eines Problems
  – Kooperation

Grundvoraussetzungen für professionelles Telefonieren

Wenn Sie beispielsweise als Sekretärin oder Assistentin eng mit Ihrem Chef zusammenarbeiten, sollten Sie – je nach Situation – folgende Fragen abklären:

▷ Wann dürfen Sie ihn stören?

▷ Wann ist er (bei Abwesenheit) telefonisch erreichbar?

▷ Wann müssen Sie ihn (bei Abwesenheit) auf jeden Fall erreichen?

▷ Welche Anweisungen für besondere Situationen sind zu hinterlassen?

▷ Welche Termine sind wichtig?

Aber auch im Hinblick auf das Unternehmen, für das Sie tätig sind, sollten Sie einiges berücksichtigen:

▷ Halten Sie stets dessen Image im Auge.

▷ Denken Sie an die Telefonkosten.

▷ Haben Sie stets die aktuellen betriebsinternen Informationen präsent (Organisatorisches wie die Anwesenheit und Abwesenheit von Mitarbeitern, Vertretungen u. ä.).

▷ Klären Sie verläßlich den Zuständigkeitsbereich einzelner Mitarbeiter.

▷ Handeln Sie stets im Sinne Ihres Unternehmens.

Im Interesse Ihres TP sollten Sie folgendes beachten:

▷ Vermeiden Sie Wartezeiten am Telefon.
▷ Sorgen Sie gegebenenfalls für die schnelle Verbindung mit einer Nebenstelle.
▷ Hören Sie ihm genau zu.
▷ Klären Sie Unklares beziehungsweise nicht deutlich Verstandenes.
▷ Antworten Sie präzise.
▷ Wiederholen Sie Namen.
▷ Fragen Sie gezielt.
▷ Seien Sie nicht ungehalten.
▷ Formulieren Sie positiv.
▷ Bestätigen Sie wichtige Telefongespräche beziehungsweise Informationen schriftlich.

Telefonieren heißt auch spezialisieren

Das Beachten der Grundregeln des Telefonierens ist nicht allein ausreichend für den Erfolg, denn selbst das innerbetriebliche Telefonieren ist mitunter eine recht differenzierte Angelegenheit, die eine geschickte Handhabung erfordert.

Routinetelefonate im Unternehmen

Die Kommunikation untereinander kann sich auf das persönliche Bekanntsein miteinander stützen. Das heißt, sie kann recht rationell geführt werden, man sollte wissen, wie man sich am besten verständigt. Hierbei können die unternehmensinterne Fachsprache und Abkürzungen verwendet werden. Die TP können sich auf das Wesentliche beschränken.

Telefonate mit dem Außendienst

Bei diesen Telefonaten sollte ebenfalls das Wesentliche im Vordergrund stehen. Auch wenn bei Gesprächen mit dem Außendienst sehr einfühlsam (und häufig zeitaufwendig) vorgegangen werden muß – denn es ist auch Aufgabe des Innendienstes, dem Außendienst «den Rücken zu stärken» –, sollte man daran denken, daß die eigene Zeit (und auch die Zeit des TP) kostbar ist.

Kontakttelefonate
Kontaktgespräche erfordern in jedem Fall Kontaktfreude, aber auch Diplomatie. Zugleich muß die Stimme Sicherheit vermitteln. Wichtig ist, daß der Anrufer weiß oder herauszufinden versteht, wer in der jeweiligen Angelegenheit der richtige Ansprechpartner ist. Kontakte erfordern häufig Vorinformationen, denn falsch verbunden zu werden ist zum einen frustrierend, zum anderen vermittelt es von vornherein einen ungünstigen Eindruck. Kontakttelefonate reichen deshalb in den Bereich von reinen «Informationstelefonaten», bei denen man mittels Telefon Auskünfte einholt, mit deren Hilfe sich der eigentliche Kontakt aufbauen läßt.

Besuchsankündigung
Der anzukündigende Besuch muß am Telefon erst «verkauft» werden. Als Besucher sollten Sie also einen triftigen Grund haben. Denn Sie wollen ja erreichen, daß Ihr TP für den Besuch Zeit zur Verfügung stellt. Wenn Sie für Ihren Vorgesetzten im Vorfeld einen Besuchstermin klären wollen, müssen Sie dem TP verdeutlichen, daß der beabsichtigte Besuch auch zu seinem Nutzen ist.

Überraschungssituationen –
Manchmal muß man schlagfertig reagieren
Viele peinliche Überraschungssituationen am Telefon resultieren aus Versäumnissen: Wer seine Unterlagen nicht griffbereit hat, schlecht informiert ist, Aufträge vergessen hat usw., gerät

leicht in Verlegenheit. Überraschungssituationen hängen also oft mit organisatorischen Fragen zusammen und auch mit dem Arbeitsinteresse. Doch auch bei guter Vorbereitung sind echte Überraschungssituationen nicht auszuschließen. Zu ihrer erfolgreichen Bewältigung ist manchmal großes Geschick erforderlich. Werden Sie etwa mit vollkommen unerwarteten Fakten konfrontiert, sollten Sie Ihre Überraschung nicht in jedem Fall zeigen und ganz normal reagieren. Auf eine unerwartete Frage können Sie zum Beispiel mit einer Gegenfrage reagieren. Sie können, um Zeit zu gewinnen, auch um Wiederholung des zuletzt Gesagten bitten, gerade wenn Sie dies bereits verstanden hatten. So können Sie Zeit gewinnen. Durch gezielten Einsatz der Fragetechnik zeigt sich häufig sehr schnell, daß die Überraschungstaktik des TP nur Bluff war. Das beste Mittel gegen Überraschungen ist aber nach wie vor, optimal informiert zu sein, denn damit kann man ein Gespräch immer relativ schnell und leicht wieder in sachliche Bahnen lenken.

Wie Sie typische Situationen handhaben und Schwachstellen am Telefon verbessern können

Typische Situationen

Situation	Wie reagieren Sie?
Ihr TP wünscht Ihren Chef zu sprechen. Dieser telefoniert gerade.	Sie sagen: «Herr XYZ spricht gerade, möchten Sie warten?» Wenn ja, schalten Sie sich wieder ein, wenn das Gespräch länger als erwartet dauert, und fragen: «Kann ich etwas für Sie tun?» Oder: «Kann ich etwas ausrichten?» Oder: «Können wir Sie anrufen?»

Situation	Wie reagieren Sie?
Ein Anrufer will Ihren Chef sprechen, ohne seinen Namen zu nennen.	Sie bitten um den Namen, wenn nötig mit dem Hinweis, daß das Nennen des Namens beim Telefonieren üblich sei. Falls Sie den Namen dennoch nicht erfahren können, bitten Sie den Anrufer kurz zu schildern, worum es geht. Daraufhin fragen Sie bei Ihrem Chef nach, ob er mit dem Anrufer verbunden werden möchte.
Während Sie telefonieren, kommt ein Besucher.	Unterbrechen Sie kurz das Gespräch und entschuldigen Sie sich. Setzen Sie das Telefonat nicht ohne Erklärung fort. Bitten Sie den Besucher, Platz zu nehmen, zu warten oder ähnliches. Eventuell können Sie auch das Gespräch beenden und sich sofort um den Besucher kümmern.
Ein Kunde beschwert sich wortreich wegen einer Sache, mit der Sie nicht vertraut sind.	Lassen Sie den Kunden ausreden, verbinden Sie ihn mit dem zuständigen Mitarbeiter, informieren Sie diesen kurz über das Anliegen des Anrufers, damit dieser nicht alles noch einmal erzählen muß.
Während eines Ortsgesprächs kommt ein Ferngespräch für den Chef.	Sie unterbrechen das Ortsgespräch und informieren über das Ferngespräch, so daß Ihr Chef entscheiden kann, ob er weitersprechen will. Oder: Sie entscheiden, welches Gespräch Vorrang hat, und vereinbaren gegebenenfalls, den Anrufer zurückzurufen.
Während einer Präsentation kommt ein dringendes Gespräch für den Chef, der nicht gestört sein will.	Sie bitten den Anrufer zu warten und legen dem Chef einen Zettel (mit Name des Anrufers und Stichwort) hin. Oder: Sie informieren den Anrufer über das Ende der Präsentation beziehungsweise darüber, wann ein Rückruf möglich ist.

Situation	Wie reagieren Sie?
Ein Anrufer möchte den Chef sprechen, der noch in der Mittagspause ist. Er hat bereits zweimal vergeblich angerufen.	Sie bieten an, das Gespräch zu vermitteln, sobald Ihr Chef zurück ist, und drücken Bedauern aus.
Ihr TP fragt nach Unterlagen, die in einer anderen Abteilung sind.	Sie bieten an, nach Einsicht in die Unterlagen wieder anzurufen.
Der Personalchef eines anderen Unternehmens ruft an, um sich über eine frühere Mitarbeiterin zu erkundigen.	Sie verweisen auf Ihren Chef mit der Begründung, Sie seien (z.B. als Sekretärin) nicht zuständig.
Ihr Chef will nach einem Kundenbesuch nicht mehr in die Firma kommen. Ein Anrufer bittet dringend um dessen private Telefonnummer.	Sie bieten einen Rückruf an und vergewissern sich bei Ihrem Chef, daß Sie seine private Telefonnummer weitergeben dürfen.
Ein Anrufer, der einen akademischen Titel hat, meldet sich ohne Titel.	Falls Sie selbst keinen oder keinen gleichwertigen Titel haben, sprechen Sie ihn mit Titel und Namen an.
Ihr Chef will nicht gestört sein. Ein Ihnen nicht bekannter Geschäftspartner fragt, ob der Chef da ist.	Sie erklären die Situation und fragen den Anrufer, ob ein Rückruf möglich ist.
Die Sachbearbeiterin eines Reisebüros fragt nach der Kreditkartennummer Ihres Chefs.	Da Datenschutz besteht, müssen Sie sich vergewissern, mit wem Sie reden. Eventuell Rückruf vereinbaren beziehungsweise um schriftliche Anfrage bitten und das Vorgehen ggf. mit Ihrem Chef klären.

Typische Schwachstellen

Schwachstellen	Wie man sie korrigieren kann
Falsches Melden: «Guten Morgen, Firma Rothbarsch & Co.»	Nicht die eigene Firma wird begrüßt, sondern der TP. Deshalb: «Rothbarsch & Co., guten Morgen.»
Name des Unternehmens wird wiederholt erwähnt	Wenn zum Beispiel die Vermittlung weiterverbunden hat, genügen Abteilungsname und eigener Name.
Frau Horcher, Disponentin, wird verlangt, ist aber nicht da: «Leider ist Frau Horcher nicht am Platz.»	Besser: «Frau Horcher ist ab 14.00 Uhr wieder erreichbar. Kann ich Sie mit Ihrem Vertreter, Herrn Schmaltz, verbinden?»
Beim Weiterverbinden meldet sich niemand, der Anrufer hängt in der Luft.	Erst überzeugen, ob der gewünschte Teilnehmer am Platz ist, dann weiterverbinden.
Ein Gespräch wird aus technischen Gründen unterbrochen.	Um die neue Verbindung bemüht sich immer der Anrufer. Tun es beide, blockieren sie sich durch das Besetztzeichen.
Zahlen werden zu schnell gesprochen.	Auf besondere Sprechweise bei Zahlen achten, zum Beispiel zwo statt zwei; 56 Pause 89 statt 5689.
Schwierige Namen.	Buchstabieren oder bei der richtigen Aufnahme behilflich sein: «Ich heiße Becker, nicht mit «ä» wie der Brotbäcker.» «Gollner, ich buchstabiere: Gustav – Otto – ...»

Schwachstellen	Wie man sie korrigieren kann
Terminvereinbarung: «Herr Wurster möchte Sie gern am Freitag nachmittag in der Sache ‹Getriebe für die Neuentwicklung› sprechen. Paßt es Ihnen?» – Der Angesprochene sagt «nein».	Der TP muß hören, welchen persönlichen Vorteil er von der Besprechung hat, zum Beispiel: «Stellen Sie sich vor, die Gespräche in Japan sind besser ausgefallen als erwartet.» Ferner muß eine Alternative angeboten werden: «Ist Ihnen Freitag, 15.30 Uhr, recht, oder könnte es auch Freitag um 14.00 Uhr sein?»
Unfreundliche Begrüßung.	Durch Freundlichkeit – es muß ein Genuß sein, dem TP zuzuhören.
Die Ohren stehen auf «Durchzug»: stur, ernst, gleichgültig.	Der TP ist im Laufe des Telefongespräches immer das Wichtigste. Dieses Gefühl muß vermittelt werden durch erhöhte Aufmerksamkeit und Einfühlungsvermögen.
Hilfen und Gegenleistungen werden als selbstverständlich hingenommen.	Ein freundliches «Danke» wirkt oft Wunder.
Ein Vorgesetzter läßt sich wiederholt verleugnen, um unangenehmen Dingen aus dem Weg zu gehen.	Gegen diese Zumutung kann sich die Sekretärin nur höflich und nachdrücklich wehren. Ausnahme: kleine Notlügen sollte sie hinnehmen.
Verabschieden in Eile. Wer beendet zuerst ein Gespräch – der Vorgesetzte oder der Mitarbeiter?	Grundsatz: Wer will was von wem? Welche Abhängigkeit besteht? Mögliche Schlußformel: «Haben Sie noch eine Frage?» «Was kann ich noch für Sie tun?» Aber nicht: «Kann ich etwas für Sie tun?»
Führen unvorbereiteter Telefonate.	Erst denken, dann suchen, dann wählen, dann reden.

Schwachstellen	Wie man sie korrigieren kann
Der zuständige Ansprech-partner ist nicht bekannt.	Gleich zu Gesprächsbeginn fragen, wer zuständig ist, also nicht sofort mit dem Gesprächsanlaß beginnen.
Kein Schreibzeug vorhanden.	Schreibgerät stets bereithalten.
Unterlagen sind nicht zur Hand, der TP muß warten.	Erneuten Anruf anbieten, wenn Unter-lagen gesucht werden müssen.
TP für Weiterverbindung ist nicht zu finden, Zeitverlust und Kosten durch nochmali-gen Anruf.	Abwesenheitslisten informieren über die Abwesenheit von Mitarbeitern und sparen Suchaktionen.
Fehlende Telefonnotizen oder ähnliches und damit Schwierigkeit in der Kor-respondenzauswertung oder bei erneuten Telefonaten.	Anfertigung von Telefonnotizen zur Regel machen.
Rückruf wird vergessen.	Zwischenbescheid geben, wenn ein Rückruf nicht eingehalten wurde.
Unklarheiten bei Namen – Peinlichkeit bei Rückrufen oder schriftlicher Gesprächs-bestätigung.	Namen des GP als erstes festhalten. Genaue Schreibweise erfragen.
Vereinbarung von Rückrufen ohne zeitliche Fixierung führt oft zu Leerlauf, weil der GP später nicht erreich-bar ist.	Rückruf mit Uhrzeit vereinbaren.

Schwachstellen	Wie man sie korrigieren kann
Ein Geschäftspartner ruft zum zweiten Mal an, um an eine fällige Zahlung zu erinnern. Die Sekretärin ruft ihn zurück und sagt: «Gut, daß Sie mich genervt (!) haben, ich habe vergessen, die Zahlung anzuweisen.»	Erledigung von Routineaufgaben oder ähnliches beziehungsweise Umgang mit GP – Motto: durch Schludrigkeit verärgert man Kunden.

Es gibt ein großes Angebot von standardisierten Empfehlungen, Checklisten, Kontrollfragen u. ä. zum Thema Telefonieren. Die in diesem Ratgeber zusammengestellten Materialien stellen lediglich eine Auswahl dar.

Checkliste 1:
Innerbetriebliche Maßnahmen zur Organisation des Telefonverkehrs

Dienstanweisungen

Aus Dienstanweisungen muß klar hervorgehen, was einzelne Mitarbeiter dürfen beziehungsweise nicht dürfen, welche Auskünfte sie erteilen dürfen und welche nicht.

Arbeitsplatz mit Telefon

Der Lärmpegel sollte möglichst gering gehalten werden. Jede durch Lärmstörung verursachte Rückfrage beim GP verlängert das Gespräch. Eine Lärmkulisse macht zudem einen schlechten Eindruck.

Telefonbücher

Sie müssen auf dem aktuellen Stand sein. Dazu gehört beim internen Telefonverzeichnis die Angabe von Stellvertretern.

Abwesenheitslisten

Über die An- oder Abwesenheit von Mitarbeitern, mit denen Sie im Laufe des Tages häufig zu tun haben, müssen Sie jeweils zu Arbeitsbeginn informiert sein, um bei einem Anruf die richtige Auskunft geben zu können (Wer ist wie lange wo? Wie ist er/sie zu erreichen?).

Angabe des Namens in Briefen

Der Name des Unterzeichners eines Briefes sollte maschinen-schriftlich wiederholt werden, so daß bei Anruf auf einen Brief sofort die richtige Verbindung zustande kommt.

Zuständigkeitsbereiche

Die Zuständigkeit einzelner Mitarbeiter muß so geregelt sein, daß bei Anrufen Rückfragen bei anderen betrieblichen Stellen auf ein Mindestmaß reduziert werden können.

Akten und Unterlagen

Täglich benötigte Akten und Unterlagen müssen stets griff-bereit sein.

Nachrichtenübermittlung

Anhand individueller Richtlinien sollte feststehen, welche Nachrichten telefonisch, per Telefax, durch Briefpost oder ähnliches übermittelt werden. Auch sollte der Einsatz von Tele-fax, das beim Empfänger immer «nur» als Zettel ankommt, sinnvoll und im Interesse des Unternehmensimage gehand-habt werden.

Telefonnotizen

Mitarbeiter, die Telefonanrufe entgegenzunehmen haben, soll-ten zumindest die vollständige Telefonnummer, den Namen des Anrufers und den Anlaß des Anrufs notieren.

Checkliste 2:
Emotionen am Telefon

Spontaneität am Telefon – Umgang mit Emotionen

▷ In emotional aufgeladenem Zustand könnten Sie Dinge sa-gen und Fakten schaffen, die Ihren eigenen Absichten und

Zielen nicht förderlich sind. Greifen Sie deshalb nicht spontan zum Telefon, wenn Sie erregt sind.

▷ Wenn Sie reagieren müssen (wenn man *Sie* anruft), so begnügen Sie sich nach Möglichkeit mit einer «Eingangsbestätigung», verbunden mit dem Hinweis auf eine spätere detaillierte Reaktion. Damit signalisieren Sie Aufmerksamkeit und sichern sich gleichzeitig den wichtigen Spielraum, den Sie zum Überlegen brauchen.

▷ Bei spontan auftretendem Ärger kann es hilfreich sein, einen unbeteiligten Mitarbeiter um die Erledigung eines telefonischen Zwischenbescheids oder ähnliches zu bitten mit dem Hinweis, daß in Kürze eine ausführliche Stellungnahme erfolge.

**Kontrollieren Sie die Emotionen,
die ein Gespräch beeinflussen oder dabei entstehen,
indem Sie**

▷ erkennen, wie Ihr Verhalten das angestrebte Gesprächsziel beeinflußt;

▷ erkennen, wie sich Ihre Wertvorstellungen, Vorurteile und ähnliches auf das Telefongespräch auswirken und wie Sie am besten damit umgehen;

▷ erkennen, wie die Funktion des GP im Unternehmen dessen Verhalten beeinflußt;

▷ Hinweise entschlüsseln, die Ihnen etwas über Ihren GP und seine Einstellung mitteilen.

**Bewertung der im Gesprächsverlauf
entstandenen Emotionen**

▷ Entspricht die Gesprächsatmosphäre der gewünschten Geschäftsbeziehung?

▷ Verändert sie sich? Warum? Tragen die Veränderungen dazu bei, das gewünschte Ergebnis zu erreichen, oder verhindern sie es?

▷ Wann war der GP auffallend zurückhaltend, und wann hat er zwanglos geredet?

▷ Bei welcher Gesprächsphase kam Unbehagen bei Ihnen auf?

▷ Warum wurden bestimmte emotionale Appelle eingesetzt?

Checkliste 3:
Überlegtes Telefonieren

Planbarkeit von Telefonaten

Zur erfolgreichen Bewältigung von Kommunikationssituationen ist es unerläßlich, daß Sie sich zunächst (einige) Gedanken über die grundsätzliche Planbarkeit bestimmter Gespräche machen. Erst dann können Sie Fakten bereits im Vorfeld prüfen, können wirklich ermessen, wieviel (situative) Kontrolle nötig sein wird und wieviel Spielraum Sie Ihrem GP lassen sollten/dürfen. Beachten Sie dabei folgende Faktoren:

▷ Können Sie das Ergebnis definieren?

▷ Gibt es Verfahren, an die Sie sich halten müssen?

▷ Haben Sie Ihre «Hausaufgaben» gemacht? – In manchen Situationen müssen Sie die wichtigen Fakten parat und Sachverhalte geklärt haben, um bestimmte Ergebnisse zu erzielen.

▷ Steuerung des Gespräches – Häufig wird der Vorgesetzte das Gespräch steuern. Er nennt den Zweck des Gespräches und legt fest, über welche Punkte gesprochen werden sollte und welche für den Zweck des Gespräches nicht relevant sind.

Gesprächsplanung im einzelnen

Sie führen ein Telefongespräch zum angestrebten Ergebnis, indem Sie

▷ Informationen durch Fragen («Wie gewöhnen sich Ihre Mitarbeiter an das neue Gerät?» «Wieviel Sitzplätze umfaßt der

Tagungsraum?» «Sind die Muster rechtzeitig angekommen?») oder ähnliches gewinnen:

– Entscheidungsfragen stellen, um die eigenen Annahmen und die des GP zu überprüfen.
– Durch unterstützende Kommentare zum Weiterreden ermuntern, etwa: «Wie interessant, aha, ...»
– Dem GP demonstrieren, daß Sie zugehört haben, indem Sie neue Fragen mit seinen eigenen Worten formulieren.
– Auf die wichtigsten Aussagen Ihres GP eingehen und diesen gegebenenfalls Ihre Meinung gegenüberstellen.

(Fakten und die Meinung des GP getrennt beurteilen.)

▷ Gesprächsanalyse – das Feedback beurteilen
– Wie haben sich Ihre Fragen auf das Gespräch und das angestrebte Ziel ausgewirkt?
– Wurden die Fragen verstanden?
– Waren die Antworten so ausführlich wie notwendig?
– Gab es bei bestimmten Themen unterschiedliche Standpunkte?
– Achten Sie auf Momente, in denen Ihr GP seine Meinung nicht ausdrücken konnte oder nicht in der Lage war, Informationen weiterzugeben.
– Überprüfen Sie Ihr Verständnis, indem Sie die wichtigsten Aussagen Ihres GP zusammenfassen.
– Überprüfen Sie gemeinsam mit Ihrem GP, wann er über Fakten gesprochen hat und wann er seine Meinung geäußert hat.
– Kontrollieren Sie Ihr eigenes Verständnis, indem Sie wichtige Gedanken mit eigenen Worten wiederholen.
▷ Informationsweitergabe
– Informationen in einer durchdachten Abfolge präsentieren.
– Auf vorher eingeführten Gedanken aufbauen.

- Nur einen Gedanken gleichzeitig einführen.
- Fakten von Meinungen trennen.
- Ihre persönliche Meinung zu erkennen geben.
- Den bisherigen Gesprächsinhalt an geeigneten Stellen zusammenfassen.

▷ Informationsaustausch – eigenes Feedback
Überprüfen Sie, ob Sie Informationen erfolgreich und im Sinne des Gesprächsziels vermittelt haben:

- Darlegen, inwieweit Worte und Gedanken akzeptiert beziehungsweise verstanden wurden.
- Worte oder Themen erkennen, die besondere Reaktionen auslösen.
- Paraphrasieren Sie das Gespräch, und kontrollieren Sie, inwieweit das Verständnis vertieft wurde.
- Führen Sie das Gespräch zum angestrebten Ergebnis, indem Sie registrieren, wann bereits angeschnittene Themen einer weiteren Ausführung bedürfen, oder erkennen, wann ein Thema abgeschlossen ist, um das Gespräch zum richtigen Zeitpunkt zu beenden.

Die wichtigsten Gesprächsanforderungen
Die kommunikativen Grundanforderungen für ein Telefongespräch lassen sich auf die folgenden Faktoren reduzieren:

▷ Sprechen in vollständigen Sätzen

- Grundsätzlich sollten Sie in vollständigen Sätzen kommunizieren, wobei der Gesprächsanlaß im Einstieg zu verankern ist, um zu verhindern, daß der erste Satz mit «Ich» beginnt.

▷ Einleitung bestimmter Fragen

- Eine Frage läßt sich geschickt einleiten, wenn man begründet, warum die Frage gestellt wird («Worum geht es?»)

▷ Ergänzen des Gesprächsanlasses

- Im Verlauf des Gesprächs ist der Gesprächsanlaß sprachlich zu ergänzen. Das wirkt informativ und beeinflußt das Gesprächsklima positiv.

▷ Anknüpfen
  – Wenn das Gespräch vom Thema abzuweichen droht, sollte man versuchen, mit einem bestimmten Aspekt wieder an das eigentliche Thema anzuknüpfen.
▷ Aufmerksam machen
  – Auf besondere Aspekte, Probleme usw. des Themas sollte im Gesprächsverlauf aufmerksam gemacht werden. Auf diese Weise läßt sich der Kern der Diskussion unterfüttern.
▷ Kompetenz angemessen demonstrieren
  – Die Hervorhebung der eigenen Kompetenz sollte vermieden werden, um ein positives Gesprächsklima zu wahren.
▷ Zuhören
  – Im Kern heißt dies, Signale für aktives Zuhören auszusenden (z. B. Feedback wie Wortwiederholungen einsetzen). Das heißt auch, den jeweiligen GP nicht abzuwürgen oder zu unterbrechen.

Checkliste 4:
Prüfen Sie sich selbst

Gehen Sie noch einmal nur die folgenden Situationen durch, dann werden Sie entdecken, daß Ihnen manches entgeht, daß Ihnen andere Dinge hingegen bewußt sind, daß Sie diese mit Erfolg einsetzen oder schon längst dagegen ankämpfen, wenn es sich um negative Verhaltensweisen handelt:

▷ Sind Sie ganz sicher, daß Sie sofort den Hörer abnehmen, wenn es klingelt (wenigstens nach dem zweiten Klingeln)?
▷ Melden Sie sich stets mit Ihrem Namen, dem Namen der Firma oder eventuell auch der Abteilung?

▷ Bemühen Sie sich, deutlich und nicht zu schnell zu sprechen?

▷ Halten Sie die Telefonmuschel so, daß Abstand und Richtung zum Mund stimmen?

▷ Rauchen Sie beim Telefonieren, oder legen Sie die Zigarette fort, wenn das Telefon klingelt?

▷ Verbinden Sie, wenn der Anruf nicht für Sie, sondern für einen Kollegen bestimmt ist?

▷ Üben Sie Nebenbeschäftigungen beim Telefonieren aus?

▷ Sorgen Sie dafür, daß es keinen Lärm oder störende Geräusche in Ihrer Umgebung gibt, wenn Sie telefonieren?

▷ Ist Ihr Schreibzeug beim Telefonieren greifbar?

▷ Können Sie gut zuhören?

▷ Begrüßen Sie den GP freundlich?

▷ Bleiben Sie auch bei unangenehmen Telefonaten beherrscht?

▷ Bereiten Sie sich auf wichtige Telefonate vor?

▷ Haben Sie Ihre Unterlagen zur Hand, wenn Sie ein Telefonat führen wollen?

▷ Buchstabieren Sie schwierige Wörter?

▷ Fragen Sie danach, ob Sie etwas ausrichten können, wenn der gewünschte GP nicht zu erreichen ist?

▷ Vermeiden Sie es, zu ungünstigen Zeiten anzurufen?

▷ Können Sie sich kurz fassen, ohne unhöflich zu wirken, und doch alles, was nötig ist, zu sagen?

▷ Denken Sie vor dem Telefonieren auch daran, was das Telefongespräch kosten könnte?

Das sind nur einige Anregungen, die Ihnen bei der Analyse Ihres Verhaltens am Telefon helfen sollen. Denken Sie immer daran, daß fast jeder seinen Stil am Telefon verbessern kann. Professionelles Telefonieren heißt: mit minimalem (Zeit- und damit auch Kosten-) Aufwand maximale Ergebnisse erzielen.

GLOSSAR

Agent
Telefonprofi in einem Call Center, an den die Anrufe weitergeleitet werden.

Akku-Betrieb
Schnurlose Telefone werden mit auswechselbarem Akku betrieben (Akku, Kurzform für Akkumulator = Speicher für elektrische Energie). Er lädt sich beim Ablegen des Handapparates auf die Feststation oder auf separate Ladegeräte immer wieder auf.

Aktiv telefonieren
Beim aktiven Telefonat rufen Sie selbst an.

Aktiver Telefonverkauf
Beim aktiven Telefonverkauf wird der Kunde von einem Mitarbeiter des Lieferanten in systematischem Turnus angerufen.

Akustische/optische Anrufsignalisierung
Vorrichtung am Telefon, die einen Anruf durch einen Ton (akustisch) beziehungsweise durch Blinken (optisch) meldet.

Alphanumerik
Text mit Ziffern und Buchstaben; beim Telefon zum Beispiel für das Speichern von Rufnummern und Namen, beim Cityruf-Empfänger für die Anzeige von Nachrichten.

Analog
Für die Übermittlung von Sprache über das herkömmliche Telefonnetz werden akustische Schwingungen in analoge elektrische Signale umgewandelt, die über ein Leitungsnetz übertragen werden. Über das digitale Telefonnetz und über ISDN werden die Daten digital übertragen. Siehe Digital.

ANIS
Bietet die Möglichkeit von Leistungsmerkmalen, wie zum Beispiel Anklopfen, Dreierkonferenz, auch im analogen Telefonnetz zu nutzen. Voraussetzungen sind MFV-fähige Telefone und ein Telefonanschluß an einer digitalen Vermittlungsstelle.

Anklopfen
Funktion im T-Net, im T-Net-ISDN und im D1-Netz. Damit kann einem telefonierenden Teilnehmer durch einen Signalton beziehungsweise durch den namentlichen Hinweis auf dem Display (im T-Net-ISDN) mitgeteilt werden, daß ein weiterer Teilnehmer ihn zu sprechen wünscht. Der Teilnehmer, bei dem «angeklopft» wurde, kann sein Gespräch unterbrechen, Rücksprache halten und anschließend das Gespräch fortsetzen. Umgekehrt: Schon vor dem Zustandekommen der Verbindung kann dem gewünschten Kommunikationspartner die eigene Ruf-

nummer mitgeteilt werden, auch wenn der Anschluß besetzt ist. Der Telefonanruf wird auf dem Display des Telefongerätes angezeigt.

Anrede
Weibliche TP werden mit «Frau» und männliche mit «Herr» angesprochen. Nur wenn Sie sicher sind, daß Ihr TP ein Kind ist, sollten Sie ihn duzen.

Anrufbeantworter
Anrufbeantworter sind Geräte zur Aufzeichnung eingehender Telefongespräche; sie geben in der Regel Hinweise auf die Erreichbarkeit des Angerufenen. Die auf dem Markt angebotenen Geräte unterscheiden sich hinsichtlich ihrer Ausstattung mit Zusatzfunktionen (zum Beispiel Fernabfrage, Aufzeichnungsmöglichkeit von Gesprächen oder Fern-Aufsprechen einer neuen Ansage). Zusätzlichen Komfort bieten Geräte mit einer «sprechenden Uhr»: Eine synthetische Stimme ordnet jeder Nachricht automatisch Datum und Uhrzeit zu und sagt die Anzahl der abzuhörenden Nachrichten an. Die Anmeldung eines Gerätes bei der Telekom ist nur erforderlich, wenn ein Eintrag im amtlichen Telefonbuch erscheinen soll, an dem erkennbar ist, daß ein Teilnehmer sein Telefon an einen Anrufbeantworter gekoppelt hat.

Anrufbeantworter, Einsatz bei Anwesenheit
Bei konzentriertem Arbeiten kann das Gerät als Filter eingeschaltet werden. Mit Hilfe eines Lautsprechers können Sie selektieren, wann Sie den Telefonhörer doch abnehmen wollen (zum Beispiel bei Eintreffen eines wichtigen Anrufs).

Anruferidentifikation (Fangschaltung)
Leistungsmerkmal im T-Net-ISDN: Anzeige der Rufnummer, des Namens oder der Verbindungsart (z. B. Amt/intern) des Anrufenden auf dem Display des Telefons.

Anruferliste
Während der Abwesenheit des Teilnehmers bieten komfortable ISDN-Telefone die Möglichkeit, Anrufwünsche zu speichern. Der Teilnehmer erfährt dadurch, wer ihn in seiner Abwesenheit versuchte anzurufen.

Anrufschutz
Ausschalten der akustischen Anrufsignalisierung.

Anrufübernahme
Wenn das Telefon an einem nicht besetzten Arbeitsplatz läutet, so kann jeder Mitarbeiter diesen Anruf am eigenen Arbeitsplatz per Tastendruck übernehmen.

Anrufvariante
Möglichkeit der temporären Änderung der Rufverteilung bei TK-Anlagen (z. B. Nachtschaltung). Ankommende Telefonate werden zu einer Nebenstelle (oder zum Anrufbeantworter) weitergeleitet.

Anrufweitermeldung
Anrufbeantworter signalisieren beispielsweise einem Empfänger, daß Gesprächsaufzeichnungen vorliegen.

Anrufweiterschaltung
Ankommende Anrufe (Komfortleistung im T-Net, Leistungsmerkmal im T-Net-ISDN und bei modernen TK-Anlagen) werden weltweit weitergeschaltet, auch zu Funktelefonen. Die neue Zielnummer wird mit einem geeigneten Endgerät vom Teilnehmer selbst angegeben. – Diese Zusatzeinrichtung ist beispielsweise nützlich, wenn man nach Feierabend zu Hause dringende Anrufe entgegennehmen will. Viele Unternehmen, deren Mitarbeiter an häufig wechselnden Stellen eingesetzt sind (z. B. Außendienst), nutzen die Möglichkeit der Anrufweiterschaltung, um deren telefonische Erreichbarkeit zu garantieren. – Zwei Versionen sind möglich: 1. Die Verbindung wird sofort zum gewünschten Ziel umgeleitet. 2. Die Umleitung erfolgt erst·nach 15 Sekunden, zeitgesteuert. Innerhalb dieser Zeit kann der Anruf aber noch am eigenen Anschluß abgenommen werden.

Anrufzuordnung
Zuordnung von Endgeräten zu bestimmten Telefonanschlüssen: Alle ankommenden Gespräche können zum Beispiel über den ersten Telefonanschluß einem bestimmten Endgerät zugeleitet werden (privat, geschäftlich, Telefaxgerät usw.).

Ansage/Schlußansage
Auf dem Anrufbeantworter gespeicherter persönlicher Text (Ansagetext), mit dem Anrufer begrüßt beziehungsweise verabschiedet werden.

Ansagetext
Der Ansagetext auf dem Anrufbeantworter soll so natürlich wie möglich sein. Mit dem Ansagetext wirbt der Sprecher für sich selbst und sollte deshalb sorgfältig überlegen, welche Fassung am wirkungsvollsten ist. Dem Anrufer sollte unter Umständen damit die Hemmung genommen werden, eine Nachricht oder einen Wunsch durchzugeben. Die Ansage sollte bestimmte Angaben enthalten: 1. Gruß (an den Anrufer), 2. Name (auch Firma) (des Anschlußinhabers), Telefon- und/oder Telefaxnummer (langsam zum Mitschreiben), 3. Datum, 4. kurze Botschaft, 5. Abschiedsgruß.

Anwesenheitsliste
Jeden Morgen wird eine Liste der Ab- beziehungsweise Anwesenheit der Mitarbeiter zentral geführt. Sie dient an einem Telefonarbeitsplatz als Hilfsmittel, um innerhalb eines Unternehmens oder einer Institution prompt weiterverbinden zu können.

AOCD (Advice of Charge, During Call)
Übermittlung der Tarifeinheiten während und am Ende der Verbindung.

AOCE (Advice of Charge, at the End of the Call)
Übermittlung der Tarifeinheiten am Ende der Verbindung.

Apothekerschaltung
Spezielle Verbindung zwischen einer TK-Anlage und einer Türfreisprecheinrichtung (TFE).

Appell
Der Appell ist die Bitte um Beschäftigung mit Ihrer Botschaft. Indirekt bittet jeder TP während der Darlegung einer Sache um Vorschläge, Anregungen, Stellungnahme und ähnliches. Der einem Gesprächsbeitrag implizite Appell zielt beispielsweise bei einem Verkaufsgespräch auf die Zustimmung und das Akzeptieren beziehungsweise auf den Kauf. Greift der Appell, kommt es zu einer Übereinkunft zwischen den Gesprächsteilnehmern.

Argumentieren
Argumente nützen nur dann etwas, wenn sie für Ihren GP nützlich sind. Deshalb ist es wichtig, wenn Sie Ihrem Kunden am Telefon den Nutzen, den er beispielsweise von einem Angebot hat, erläutern. Zählen Sie nicht nur Produktmerkmale auf, sondern übersetzen Sie jedes Merkmal in einen Vorteil für

den Kunden. Auch wenn Ihr Produkt mit anderen vergleichbar ist, hat es vielleicht etwas, was das des Wettbewerbers nicht kann/hat. Auch in Qualität, Menge, Abnahme, Lieferzeit, im Lieferservice, Kundendienst oder sonstigen Service, in der Lagerhaltung, in Garantien, Sicherheiten, Tests und Laborergebnissen kann es Unterschiede geben. Betonen Sie diese Unterschiede, und stellen Sie wenn irgend möglich heraus, daß Sie ganz spezielle Probleme für den Kunden lösen können.

A-Teilnehmer
TK-Teilnehmer, der eine Verbindung aktiv aufbaut.

Audiokonferenz
Unterscheidet sich von der Telefonkonferenz im wesentlichen dadurch, daß die Qualität der Akustik im Raum wie auch der Tonübertragung durch ein spezielles Audiosystem reguliert wird. Es hat die Aufgabe, eine optimale Verständigung über mehrere im Raum aufgestellte Mikrofone und Lautsprecher für alle beteiligten Audiokonferenzräume zu gewährleisten. Im Gegensatz zur Telefonkonferenz ist also das Freisprechen und Raumhören das vorherrschende Kommunikationsprinzip. Dazu müssen vor allem die Echorückkoppelungen verhindert werden. Diese Aufgabe übernimmt ein sogenannter Echo-Canceller. Schließlich müssen Lautstärke, Höhen und Bässe gut regulierbar

und eine Stummschaltung möglich sein.

Aufmerksamkeitston
Einblenden eines akustischen Signals in ein laufendes Telefongespräch, zum Beispiel beim Aufschalten oder beim Anklopfen.

Aufschalten
Möglichkeit bei TK-Anlagen, sich in eine bestehende Gesprächsverbindung durch ein akustisches Signal einzublenden.

Auftragsdienste
siehe Operatordienste

Auslandsgespräche
Im Fernverkehr zu Anschlüssen im Ausland gibt es kleine Abweichungen zum sonst gewohnten Umgang mit dem Telefon. So kann es ca. eine Minute lang dauern, bis die Verbindung hergestellt und das Rufzeichen (Freiton) zu hören ist. Das Besetztsignal klingt ähnlich wie in Deutschland: rasch folgende kurze Töne. Gedacht werden muß auch an die Zeitverschiebungen vor allem bei Anrufen nach Übersee. Bei Anrufen aus dem Ausland nach Deutschland wird zunächst die Kennung 00 und dann die Kennzahl für Deutschland – das ist 49 – gewählt. Es folgt dann die Ortskennzahl (ohne die erste 0) und die Rufnummer des gewünschten GP. Manchmal muß nach der Landeskennzahl ein Wählton abgewartet werden. Die Wartezeiten im Verbindungsaufbau sind oft länger als bei Gesprächen innerhalb Deutschlands.

Automatische Hinweisansage
Damit können Sie Anrufern bei Abwesenheit mitteilen, wann Sie wieder erreichbar sind.

Automatischer Rückruf
Komfortfunktion bei TK-Anlagen: Per Tastendruck fordert der Anrufer von einem besetzten Endgerät einen Rückruf an. Ist der gewünschte Teilnehmer nicht an seinem Platz oder kann das Gespräch nicht annehmen, wird er automatisch mit dem Anrufer verbunden, sobald er sein Telefon das nächste Mal benutzt.

Autotelefon
Das Autotelefon erlaubt innerhalb des vereinbarten Netzes das direkte Anrufen aller in- und ausländischen Anschlüsse. Moderne Autotelefone sind transportabel und können als Mobiltelefon genutzt und auf eine Baustelle oder zu Kunden mitgenommen werden. Selbst Konferenzschaltungen sind möglich. Verwendet werden können das C-Netz, das D-Netz der Telekom und das D2-Netz. Durch die Digitaltechnik ist die Telefonqualität im D- und D2-Netz vollkommen störfrei. Vorwahl: C-Netz 01 61, D-Netz 01 71, D2-Netz 01 72.

Babyruf
Auch Direktruf: sperrt das Telefon für alle Rufnummern außer einer individuell eingegebenen Num-

mer. Nach Abnehmen des Hörers und Betätigen einer beliebigen Taste wird automatisch die Verbindung zu dem gespeicherten Telefonanschluß hergestellt.

BAPT (Bundesamt für Post- und Telekommunikation)
Zulassungsbehörde für Telekommunikationsgeräte.

Bargeldloses Telefonieren
Siehe T-Card.

Beschwerde
Eine Beschwerde (Reklamation) sollte gut vorbereitet sein: 1. Listen Sie vorher auf, was nicht optimal läuft, defekt ist oder ähnliches. 2. Halten Sie Gerätetypangaben, Auftragsnummer oder ähnliches griffbereit. 3. Prüfen Sie, ob die Lieferfirma eine spezielle Service-Nummer hat (Hotline). 4. Atmen Sie tief durch und lächeln Sie, bevor Sie zum Hörer greifen.

Bildtelefonieren
Unter Nutzung des ISDN über Videokonferenz-Systeme oder über das Bildtelefon können bei eingeschränkter Bildqualität, aber zu niedrigen Kosten Kommunikationspartner in Ton- und Bildkontakt treten. Sollen zusätzlich auch Geschäftsunterlagen, Grafiken, Fotos oder kleinere Gegenstände während des Gespräches übermittelt werden, ist der Anschluß einer zusätzlichen Dokumentenkamera erforderlich.

B-Teilnehmer
TK-Teilnehmer, zu dem eine Verbindung aufgebaut wird.

Buchstabieralphabete
Zur korrekten telefonischen Durchgabe vor allem von Eigennamen eignet sich die Anwendung eines Buchstabieralphabets.

Call Center
Moderne Servicezentralen, die als eigene Abteilungen in Unternehmen existieren oder als selbständige Dienstleister, die für mehrere Unternehmen arbeiten. Kernstück ist eine computergesteuerte Telefonanlage, meistens ergänzt durch eine unternehmensspezifische Datenbank.

CFNR (Call Forwarding No Reply)
Anrufweiterschaltung bei Nichtmelden.

CIT (Computer Integrated Telephony)
Rechnergestütztes Telefonieren. Gemeinsam mit dem PC erschließt ISDN dem Anwender die Telematik, die Verbindung aus Telekommunikation und Informatik, in ihrem vollen Funktionsumfang. Das Wählen von der PC-Datenbank aus ist nur eine Möglichkeit, der Anrufbeantworter im PC eine weitere. In Verbindung mit einem hausinternen Netzwerk oder übergreifenden Netzwerklösungen ist mit CIT echte Just-in-time-Bearbeitung möglich: Der einherge-

hende Auftrag gelangt sofort per Bildschirmeingabe in den PC, wird dem richtigen Kunden zugeteilt und an den zuständigen Sachbearbeiter, an das Lager, den Lieferanten, die Buchhaltung und die Controlling-Abteilung weitergegeben. Insbesondere für den Vertrieb ergeben sich hiermit in Verbindung mit einem hauseigenen Vertriebsinformationssystem Optimierungen von Arbeitsabläufen.

Citynetze
Angebot für firmeninterne Highspeed-Kommunikation innerhalb einer Stadtregion. Citynetzbetreiber bauen in den Geschäftsmetropolen eigene Netze auf. Diese TK-Anbieter verlegen entweder eine völlig neue Kabelinfrastruktur oder nutzen bereits vorhandene unternehmensweite Glasfasernetze.

Cityruf
Funkrufdienst, der in eine oder mehrere Rufzonen Signale (Töne, Ziffern oder Texte) überträgt. Alle Ballungsgebiete beziehungsweise alle Städte innerhalb Deutschlands ab 30000 Einwohner sind mit diesen Rufzonen abgedeckt. Belegt werden können eine oder mehrere feste Rufzonen und/oder Zielruf/variable Rufzonen. Wenn man einen Cityrufempfänger mit Euromessage-Funktion besitzt und dieses Leistungsmerkmal bucht, ist man auch in Großbritannien in der Region London und in bestimmten Regionen Frankreichs, Italiens und

der Schweiz erreichbar. Der eingegangene Funkruf wird vom Empfangsgerät optisch oder durch Vibration angezeigt. Die derzeit erhältlichen Empfangsgeräte unterscheiden sich im Komfort: 1. Ton-Alarmierung durch vier verschiedene Tonsignale. Damit lassen sich vier verschiedene Absender unterscheiden, die um Rückruf bitten. Oder Sie legen eine Zuordnung Tonsignalnachricht fest, mit der Sie vorher vereinbarte Nachrichten übermitteln. 2. Numerik-Empfänger – empfangen Nachrichten als Ziffern und Sonderzeichen im Display des Empfängers – bis zu 15 Zeichen pro Nachricht. 3. Text-Empfänger – Anzeige von Informationen (bis zu 80 Zeichen pro Nachricht) im Display. Bundesweite Cityruf-Vorwahl 0164 (+ Rufnummer und Rufzone), Numerik-Empfänger von einem Telefon mit Mehrfrequenzwahl sind unter der Vorwahl 0168 (+ Rufnummer und Rufzone) erreichbar. Der Cityruf-Auftragsservice nimmt unter 016951 Ihre Nachricht für Numerik- oder Text-Empfänger entgegen und leitet sie weiter.

Cityruf international
Umfaßt zusätzlich zu Cityruf überregional noch fast ganz Großbritannien, große Regionen Frankreichs und der Schweiz sowie alle Großstädte Italiens.

Cityruf regional
Das sind mehrere Rufzonen (Städte und Umgebung), die Sie ganz

nach Bedarf auswählen und kombinieren können.

Cityruf überregional

Das sind acht Superzonen, die (fast) ganz Deutschland abdecken.

C-Netz

Analoges Funktelefonnetz der Deutschen Telekom.

C-Tel

Analoges, zelluläres Mobilfunknetz von T-Mobil.

Datex-J

Überarbeitete Version des Btx-Dienstes. Dieser «Datendienst für Jedermann» ist als offener Informationsdienst allen Interessenten zugängig. Das Angebot reicht von der Reiseauskunft bis zum Homebanking.

DECT-Standard

Digital European Cordless Telecommunication: Einheitlicher europäischer Standard für digitale schnurlose Telefone mit Belegung von zehn Frequenzen in festgelegten Bereichen.

Digital

In Ziffern ausgedrückt (lat. digitus = Finger, Ziffer): Signale, die der Mensch aufnimmt, sind von Natur aus analog, das heißt kontinuierliche Signale. Akustische Signale wie Sprache und Musik unterliegen einer stetigen zeitlichen Änderung. Diese sich ständig ändernden Werte (Schalldruck, Tonhöhe, Bildhel-

ligkeit) lassen sich durch Abtasten in digitale Werte umsetzen. Da sie dann als binäre (0 oder 1) Zahlenkombinationen vorliegen, können sie beispielsweise auch in Computern weiterverarbeitet werden. Vorteile: bessere Sprachqualität und geringere Störanfälligkeit bei der Übertragung.

Digitale Sprachspeicherung

Verschleißfreie High-Tech-Alternative zur Magnetbandaufzeichnung: Nachrichten werden dabei digital in elektronischen Bausteinen (Chips) gespeichert.

Diktiergerät

Beim Einsatz des Diktiergerätes beim Telefonieren geht es darum, bestimmte Angaben während des Anrufs sofort auf das Gerät zu sprechen, wobei der GP mithört, was diktiert wird.

Display

Kontrollfeld beispielsweise von Telefonen und Telefaxgeräten zum Anzeigen der gewählten Rufnummer, der Einheiten oder zur Menüsteuerung. Beim Bildtelefon als Farb-LC-Display mit Eigenbildkontrolle oder Bild-in-Bild-Funktion.

D-Netz

Digitales Funktelefonnetz. Es gibt zwei Anbieter: die Deutsche Telekom für D1, Mannesmann Mobilfunk für D2.

Dolmetscher-Service
Bestellung per Telefon 01 30 01 16;
per Telefax 01 30 01 17.

Dreierkonferenz
Zusammenschaltung von drei Teilnehmern, die gleichzeitig miteinander sprechen können – im digitalen T-Net und im ISDN.

Durchwahl
Der Basisanschluß unter ISDN läßt
zu, jede einzelne Nebenstelle innerhalb der hausinternen Telefonanlage direkt anzurufen («Durchwahl»).

Dynamik
Manche Menschen entwickeln
mehr Dynamik, wenn sie stehen.
Deshalb: Stehen Sie beim Telefonieren auf. Das verkürzt Telefonate
drastisch. Viele klingen beim ste-
henden Telefonieren zudem ener-
gischer und überzeugender.

Einheitenzähler
Ermöglicht es, die anfallenden Einheiten sowohl für das aktuelle Gespräch als auch für einen Abrech-
nungszeitraum als Summe zu ermitteln, wahlweise in DM oder
Einheiten. Dazu ist die Schaltung
eines Zählimpulses von der Tele-
kom-Vermittlungsstelle erforderlich.

Einstellbarer Tonruf
Möglichkeit, Telefone in unterschiedlicher Weise klingeln zu lassen.

Einwände entkräften
Versuchen Sie nicht, gegen Daten,
Fakten und Informationen zu reden, denn damit nehmen Sie die
schwächere Verteidigerrolle ein.
Beantworten Sie vielmehr jeden
Einwand mit Fragen («Was veranlaßt Sie zu dieser Befürchtung?»
«Haben Sie schon einmal eine ähn-
liche Erfahrung gemacht?»). Auf
den Einwand: «Das ist zu teuer»
antworten Sie: «Zu teuer? In bezug
worauf?» Oder: «Denken Sie an den
Einkaufspreis?» Mit Fragen lenken
Sie die Gedanken Ihres GP in die
von Ihnen gewünschte Bahn. Sie
haben gleichzeitig die Kontrolle
über das Gespräch, während sich
der Kunde unter Umständen optimal beraten fühlt.

Einwänden vorgreifen
Wenn Sie im Tonfall besondere Signale auffangen, die auf Zweifel
schließen lassen, warten Sie nicht,
bis Ihr GP seine Einwände als
«Gegenargumente» vorbringt, sondern fragen Sie ihn sofort! (Beispiel: «Gibt es etwas, was Ihrer Meinung nach dagegen spricht?» «Wie
sehen Sie diese Sache, Herr Pos-
selt?») Diese Strategie bewährt
sich: 1. erfahren Sie rechtzeitig,
was Ihr GP denkt, und können Ihre
Argumente darauf abstimmen. 2.
gilt die psychologische Regel, daß
Einwände um so gravierender werden, je länger der andere darüber
nachdenkt. Je konkreter seine
Gegenargumente werden, um so
schwerer ist er davon wieder abzu-
bringen. 3. beweisen Sie mit Ihrer

«Flucht nach vorn», daß Sie keine Angst vor Einwänden haben, und das ist psychologisch sehr wichtig.

Einwandbehandlung

Die praxisnahe Einwandbehandlung kann sich an folgenden Gesprächstechniken orientieren: Vorwegnahme (Einwand aussprechen, bevor der Kunde es tut), Zurückstellen (den Einwand nicht sofort behandeln), Gegenfrage (sie liefert mehr Informationen für die eigene Antwort), Plus-Minus (Mängel zugeben, aber durch Hinweis auf Vorteile kompensieren), Bumerang (Einwand an den GP zurückgeben), Einwand in Fragen umwandeln (Einwand darstellen, als hätte der GP gefragt), Ignorieren (Einwand überhören).

Einzelverbindungsübersicht

Für (derzeit) einmalig 19 DM wird dem Kunden zusätzlich zu der detaillierten Telefonrechnung monatlich eine Einzelverbindungsübersicht zugesandt. Darauf ist jedes Gespräch mit den Angaben Datum, Beginn, Dauer, Betrag, Zielrufnummer und Ortsnetz der angewählten Anschlüsse aufgeführt. Zum Datenschutz werden die letzten drei Ziffern der Zielrufnummern weggelassen.

Eisbrecher-Formulierungen

Sogenannte Eisbrecher-Formulierungen (zum Beispiel: «Ich denke, Sie sind kein Unmensch») werden verwendet, um einen persönlichen Kontakt zu «schweigsamen» GP zu bekommen. Taut das Gespräch auf, präsentieren Sie, weshalb Sie anrufen.

Elektronischer Tonruf

Lautstärke und Melodien lassen sich nach Belieben einstellen.

Elektronisches Codeschloß

Sicherung des Telefons gegen unberechtigtes Telefonieren durch persönliche Kennziffer (PIN) – nur der Notruf bleibt weiterhin wählbar. Eingehende Gespräche können angenommen werden.

Endgerät

Das Gerät am Ende der Leitung: Telefon, Anrufbeantworter, Telefaxgerät, Modem, auch der PC mit integriertem Modem.

Entschuldigung

Eröffnet ein Anrufer ein Gespräch aggressiv, wird sein GP unter Umständen mit noch verstärkter Aggression reagieren. Beginnt der Anrufer mit einer einlenkenden Formulierung, wird der GP freundlich gestimmt. Sagen Sie beispielsweise am Anfang eines Gesprächs: «Entschuldigen Sie bitte, ich war wegen der strittigen Frage etwas aggressiv», wird Ihr GP auf diese Geste so reagieren: «Ich war ja auch nicht gerade besonders freundlich.» – Beginnen Sie in einem entsprechenden Fall mit einer Entschuldigung. Versuchen Sie nicht, sich zu rechtfertigen, ehe Ihr GP ein positives Signal gesendet hat. Erst dann können Sie zusätzliche Erklärungen abgeben.

Erweiterte Wahlwiederholung
Eine erfolglos gewählte Rufnummer wird in einem Speicher des Telefons «geparkt». Sie kann später wieder gewählt werden, auch wenn zwischendurch mit anderen Partnern telefoniert worden ist.

Euro-ISDN
Was beim Telefonieren über Ländergrenzen hinweg selbstverständlich ist, ist auch für die integrierte Kommunikation von Sprache, Daten und Bildern möglich, und zwar durch Festlegung eines einheitlichen Standards für das europaweite Integrated Services Digital Network, auf das sich die Netzbetreiber in zunächst 20 Ländern Europas geeinigt haben. Das Euro-ISDN stellt in Deutschland inzwischen die Regeltechnik dar.

Euromessage-Funktion
Siehe Cityruf.

Eurosignal («Europiepser»)
Funkrufsystem im Westen der Bundesrepublik, in der Schweiz und in Frankreich: Über diesen Dienst lassen sich von jedem Telefon bis zu vier Signale an einen Funkrufempfänger übertragen. Jedem Signal kann dabei eine bestimmte Bedeutung zugeordnet werden (z. B. «im Büro anrufen»).

Fangschaltung
Siehe Anruferidentifikation.

Fax
Siehe Telefaxgerät.

Fernabfrage
Mit einem Codesender können Anrufbeantworter weltweit über das öffentliche Telefonnetz abgefragt werden. Gleichzeitig lassen sich auch Nachrichten löschen oder Ansagen ändern.

Ferndiagnose / Fernwartung
Endgeräte und Anlagen werden von Service-Stützpunkten aus über die Telefonleitung betreut beziehungsweise gewartet.

Ferngespräch
Ferngespräche gehen über die Orts- und Nahbereiche hinaus. Es gilt ein kürzerer Zeittakt als bei Orts- und Nahgesprächen.

Fernsprechsonderdienste
Ansagedienste, beispielsweise Wettervorhersage, Lotto- und Toto-Zahlen, Fahrplanhinweise, Zeitansage. Die Rufnummern stehen auf den ersten Seiten der Fernsprechbücher.

Feststation
Zentraleinheit von schnurlosen Systemen. Die einfache Feststation dient auch zum Aufladen von Handgeräten. Die Feststation von Komfort-Telefonen ist gleichzeitig auch als Telefon nutzbar, die Handgeräte werden über eine separate Ladestation aufgeladen.

Freecall 08 00
Kostenfreie Rufnummer (früher Service 01 30)

Freisprechen
Möglichkeit zum freihändigen Telefonieren bei Telefonen mit eingebautem Mikrofon und Lautsprecher. Im Raum Anwesende können am Gespräch teilnehmen.

Freundlichkeit
Natürliche Freundlichkeit verrät eine positive Grundeinstellung und ist Voraussetzung für erfolgreiches Telefonieren.

Funkrelais
Dient zur Vergrößerung der Reichweite in einem schnurlosen System.

Funkrufdienst
Siehe Cityruf, Eurosignal.

Funktelefon
Endgerät für die Telefonie, bei dem die Übertragung nicht über Telefonnetz läuft, sondern per Funk.

Gebührenanzeige
Die Verbindungsgebühren werden je nach Modell digital auf dem Display oder analog angezeigt. Gesprächsgebühren für Selbstwählgespräche können mit eigenem Gebührenanzeiger in der Form von Zählern oder mit komplexen, elektronisch gesteuerten Zählsystemen in Haus- oder Betriebsanlagen erfaßt werden.

Gebühreninformationen
ISDN-Teilnehmer können sich jederzeit einen aktuellen Überblick verschaffen über alle durch Wählverbindungen angefallenen Gebühren (Tarifeinheiten). So ist es zum Beispiel möglich, während eines Telefonats die aktuellen Tarifinformationen auf dem Display des Telefonapparates abzulesen, und zwar in Tarifeinheiten oder umgerechnet in DM-Beträgen.

Gebührenübernahme
Falls der Anrufer eine Gebührenübernahme durch den angerufenen Teilnehmer wünscht, kommt eine Verbindung erst zustande, wenn dieser zugestimmt hat.

GEDAN
Anrufweiterleitung der Telekom im analogen Telefonnetz. Siehe Anrufweiterschaltung.

Gefühle am Telefon
Finden Sie am Telefon hin und wieder ein paar nette Worte, um Gefühle Ihrem GP gegenüber zum Ausdruck zu bringen. Ein ehrliches «...ich freue mich, daß Sie mich anrufen!» oder ein «...die Zusammenarbeit mit Ihnen ist doch immer wieder angenehm» kostet wenige Worte und bringt sehr viel!

Gegensprechanlage
Sie ermöglicht Gespräche beziehungsweise Rückfragen zwischen internen Sprechstellen ohne Benutzung der Telefonleitung.

Gehende Sperren
Der Anschlußinhaber kann verhindern, daß von seinem Anschluß aus gebührenintensive Gespräche geführt werden.

Gesicht am Telefon
Der GP sieht es zwar nicht, aber er hört es sehr wohl. Denn er hat als einzige Informationsquelle Ihre Stimme. In ihr drücken sich Freundlichkeit, Unfreundlichkeit, schlechte Laune und so weiter aus.

Gesprächsaufhänger («Türöffner»)
Eine Methode der Gesprächseröffnung kann das Erwähnen von Ereignissen oder Gemeinsamkeiten sein.

Gesprächsanlaß
Der GP sollte zu Beginn des Gespräches über den Gesprächsanlaß informiert werden. Vorstellung und Begrüßung können mit einem Hinweis darauf verbunden werden. Beispiel: «Guten Morgen, … Ich hatte mit Ihnen an Ihrem Stand auf der CEBIT gesprochen. Sie hatten mir ausführliche Unterlagen über Ihre neuen … gegeben …»

Gesprächsaufzeichnung
Siehe Anrufbeantworter.

Gesprächseinstieg, negativer
Oft werden beim Gesprächseinstieg unbewußt Formulierungen eingesetzt, die wegen ihres negativen Gehalts ein Gespräch von vornherein abwürgen.

Gesprächseinstieg, positiver
Positive Aussagen, auch einfache Formulierungen, erleichtern nicht nur jedes Gespräch am Telefon, sondern bringen Ihnen auch Sympathie und Anerkennung.

Gesprächspartner «kurz fassen»
Diese Situation ergibt sich, wenn man in Eile ist und noch eine Auskunft einholen muß oder wenn gerade beim Verlassen des Büros das Telefon klingelt. Verhalten: Kurze, freundliche Begrüßung. Zeitliches Problem vermitteln. Abhängig vom Anlaß wird ein Rückruftermin vereinbart.

Gesprächsunterbrechung
Wenn Ihr GP vom eigentlichen Anlaß eines Anrufs abkommt, sollte er «abgewürgt» und zum Ziel des Anrufens zurückgeführt werden. Möglichkeiten der Unterbrechung: 1. Unterbrechung durch Rückkoppelungsfrage – «Wenn ich Sie richtig verstanden habe …?» 2. Unterbrechung durch Rückführung zum Thema – «Ah, ich sehe gerade, es ist schon … Uhr. Wir sollten zum … (eigentlichen Anliegen) kommen.»

Gesprächsunterbrechungstaste
Funktionstaste, die den Anschluß für eine neue Verbindung frei macht: Ist ein Gespräch beendet oder will man ein neues beginnen, ist dies ohne Auflegen des Hörers möglich.

Halten einer Verbindung
Ein Telefongespräch wird auf War-
testellung geschaltet.

Handgerät
Mobile Komponente bei schnurlosen Systemen.

Handover
Automatische Gesprächsweiter-
gabe. Beim Wechsel der Funkzelle
wird das Gespräch ohne Unterbrechung weitergegeben.

Handy
Kleines tragbares Telefon, das
nicht direkt am Telefonnetz hängt,
sondern am Funktelefonnetz.

Head Set
Kopfhörerset mit Mikrofon. Der
Mitarbeiter am Telefon hat die
Hände frei für Arbeit an der Tasta-
tur oder ähnliches.

Hemmungen am Telefon
Was Sie am Telefon nicht sagen
können, fällt Ihnen auch in einem
direkten Gespräch schwer. Versuchen Sie, Hemmungen systema-
tisch abzubauen (z. B. die Angst vor
Preisverhandlungen), und Sie werden feststellen, daß Sie die einst
heiklen Themen in Zukunft auch
telefonisch erfolgreich bewältigen
können.

Hochsprache
Im Unterschied zur Umgangssprache oder zum Dialekt ist die Hochsprache die als idealtypisch be-
trachtete Sprachform. Sie ist beim

Telefonieren der Umgangssprache
oder dem Dialekt vorzuziehen.

Höflichkeit
Grundvoraussetzung erfolgrei-
chen Telefonierens. Diese Art der
Umgangsform ist durch Achtung,
Rücksichtnahme, Respekt und
Taktgefühl gekennzeichnet. Auch
bei unterschiedlichen Meinungen
oder Interessen gebietet es die
Höflichkeit, daß ein bestimmter
Rahmen in bezug auf Ausdrucks-
weise und Verhalten eingehalten
wird.

«Hörer laut»
Funktionstaste zur Regelung der
Lautstärke.

Hotline
Von vielen Anbietern angeboteter
Benutzerservice. Hier kann jeder
(oft zum Nulltarif) anrufen, der ein
einschlägiges Problem hat. Beispielsweise kann der Anwender
von Software meist auch außerhalb der üblichen Geschäftszeiten
über das Telefon Hilfe bekommen.

Image
Ansehen, das Personen, Organisa-
tionen, Institutionen, Unternehmen und Produkte in der
Öffentlichkeit genießen. Durch
entsprechende Maßnahmen, beispielsweise professionelles Telefonieren, kann dieses Bild entscheidend beeinflußt werden.

Informationsdienste
Serviceleistungen der Deutschen

Telekom (z. B. Auskunft Inland/Ausland, Erinnerungsauftrag, Weckauftrag). Siehe auch Operatordienste.

Internverbindung
Kostenfreie Verbindung zwischen mehreren Telefonen oder anderen Endgeräten einer TK-Anlage beziehungsweise innerhalb eines Gebäudes.

ISDN (Integrated Services Digital Network)
Dienstleistungsintegrierendes digitales Netz. Integriert in einem Netz sind Telekommunikationsdienste wie Telefon, Telefax oder Datenkommunikation.

ISDN-Karte
Adapter für den Anschluß von PC an den ISDN-Basisanschluß.

Ja-aber-Taktik
Diese Technik empfiehlt sich bei fehlerhaften Darstellungen: Damit stimmen Sie zu und korrigieren gleichzeitig, ohne zu kritisieren oder zu belehren.

Komfortanschluß
T-Net-ISDN-Basisanschluß im Vergleich zu Standardanschluß mit optimalem Leistungsangebot (z. B. Anklopfen, Dreierkonferenz, Rufnummernübermittlung).

Kommunikation
Nachrichtenaustausch zwischen einem Sender (z. B. Anrufer) und einem Empfänger (z. B. Angerufe-

ner). Kommunikation zwischen Personen kann über die Sprache (mündlich oder schriftlich), aber auch nonverbal, z. B. durch Gestik oder Mimik erfolgen. Im Bereich des Informationswesens bezeichnet man die Übertragung oder den Austausch von Daten ebenfalls als Kommunikation.

Kommunikation, direkte
Der Austausch von Nachrichten findet direkt statt, zum Beispiel in einem persönlichen Gespräch.

Kommunikation, indirekte
Der Austausch von Nachrichten und Informationen findet indirekt über ein technisches Gerät (z. B. das Telefon) statt.

Konferenzschaltung
Ermöglicht das schnelle Sich-Abstimmen mit mehreren internen Gesprächsteilnehmern über das Telefon. Das erspart aufwendige Mehrfachanrufe. Siehe Dreierkonferenz, Telefonkonferenz.

Kontaktaufnahme bei ankommenden Gesprächen
Nennen Sie Ihren Namen klar und deutlich. Schwer verständliche Namen sollten buchstabiert werden. Wenn Sie den Namen des Anrufers nicht verstanden (oder vergessen) haben, dann fragen Sie: «Wie ist Ihr Name?» (nicht: «Wie war Ihr Name?» oder: «Wie war doch gleich Ihr Name?»). Oder Sie sagen: «Ich habe Ihren Namen nicht verstanden» oder: «Könnten Sie bitte Ihren

Namen wiederholen?», «Darf ich noch einmal um Ihren Namen bitten?»

Kostensparen beim Telefonieren

Ein Telefongespräch wird durch gute Vorbereitung erheblich verkürzt. Man kann Telefongespräche auch bündeln, das heißt Telefonzeiten einrichten, so daß man einen Arbeitsgang nicht unterbrechen muß. Darüber hinaus bietet sich die Nutzung von Billigtarifen an. Außerdem sollte man nicht zu ungünstigen Zeiten (z. B. in der Mittagszeit, zu Dienstanfangs- beziehungsweise -endezeiten) versuchen, jemanden zu erreichen, denn die Gefahr ist zu groß, daß der gewünschte GP nicht an seinem Arbeitsplatz ist. Privatgespräche sollten auf eigene Kosten geführt werden.

Kundentypen

TP lassen sich in einer bestimmten Typologie erfassen. Haupttypen sind: der Geschwätzige (Dauerredner), der Schweigsame, der Rechthaberische, der Ängstliche, der Mißtrauische, der Nervöse, der Unentschlossene. Um erfolgreich zu telefonieren, sollte man mit den jeweiligen Charakteristika vertraut sein.

Kurzwahl

Häufig benutzte und lange Rufnummern lassen sich als Kennziffer speichern. Durch Drücken der entsprechenden Kurzwahltasten

wird die gespeicherte Nummer angezeigt und die Verbindung aufgebaut. Siehe auch Zielwahltasten.

Lauthören

Komfortfunktion bei Telefonen mit eingebautem Lautsprecher: Per Tastendruck können alle im Raum anwesenden Personen ein Telefongespräch mithören, jedoch nicht freisprechen. Erleichtert die telefonische Absprache in Gruppen.

LED (Light-Emitting Diode)

Leuchtdiode an Telefonen oder Telefaxgeräten beispielsweise zur Anzeige von Betriebszuständen.

Mailboxfunktion

Möglichkeit, bei Abwesenheit Nachrichten auf den Anrufbeantworter zu «diktieren» beziehungsweise für andere Personen eine Nachricht zu hinterlassen. Siehe auch Telebox.

Makeln

Komfortleistung im digitalen T-Net, im T-Net-ISDN und bei TK-Anlagen. Der Teilnehmer kann ohne erneutes Wählen zwischen mehreren gleichzeitig bestehenden Telefonverbindungen hin und her wechseln. Sprechverbindung besteht stets nur zu einem Partner.

Menüsteuerung

Möglichkeit, Funktionen, Namen oder Rufnummern auf dem Display eines Endgerätes auszuwählen und zu aktivieren.

Messagefunktion
Ein sogenannter «Message-Code» macht es einem festgelegten Anruferkreis möglich, auch dann eine Nachricht auf Band zu sprechen, wenn der Anrufbeantworter auf die Betriebsart «Ansage ohne Sprechaufforderung» eingestellt ist.

Mitschneiden von Gesprächen
Besonders wichtige Gesprächspassagen können damit auf dem Anrufbeantworter während des Telefonats festgehalten werden.

Mobilbox
Persönliche, paßwortgeschützte Mailbox in den Mobilfunkdiensten C und D1 zur Hinterlegung von Nachrichten für den Mobilfunkteilnehmer.

Mobilfunk
Service der Telekom (C-Netz, D1-Netz) beziehungsweise privater Anbieter (D2-Netz) für mobile Telekommunikation. Siehe Funktelefon.

Modem
Modems wandeln die digitalen Signale der Datenendeinrichtung in analoge Signale um und umgekehrt.

Multi-Environment-Funktion
Dient dazu, die Reichweite eines schnurlosen Telefons, zum Beispiel auf einem größeren Gelände, zu erhöhen. Das Handgerät kann dabei an mehreren Feststationen betrieben werden.

Multi-Tel
Ein Multifunktionstelefon hat neben der eigentlichen Fernsprecheinheit noch einen integrierten Anrufbeantworter und auch ein Telefaxgerät. Alles geht über eine Amtsleitung. Wird ein eingehendes Gespräch nicht angenommen, sendet das Gerät ein Telefaxsignal. Wird dieses nicht angenommen, tritt der Anrufbeantworter in Kraft.

«Music on hold»
Einblenden einer Melodie, während sich die Gesprächsverbindung im Wartezustand befindet.

Nachtschaltung
Nach Büroschluß ankommende Telefonanrufe werden zu einer ganz bestimmten personell noch besetzten Nebenstelle oder zum Anrufbeantworter weitergeleitet.

Namen
Sie können jedes Gespräch persönlich gestalten, wenn Sie Ihren TP mit Namen ansprechen. Versuchen Sie sich deshalb den Namen Ihres TP zu merken. Haben Sie den Namen Ihres TP nicht verstanden, fragen Sie nach.

Namensnennung
Bei einem Firmengespräch wird in der Regel der Unternehmensname zuerst deutlich und laut genug genannt, dann der Name des GP. Bei

hausinternen Anrufen (und im Einzelfall generell bei Nebenstellen) genügt der Name des GP. Sinnvoll ist es, wenn Sie Ihren Namen mit Hilfe des nationalen beziehungsweise internationalen Buchstabieralphabets buchstabieren können.

Nebenstellen
Die Zentrale einer Telefonanlage hat Amtsleitungen und Nebenstellen. Wenn mehrere Anrufer gleichzeitig die Sammelnummer einer Firma wählen, werden diese auf die freien Amtsleitungen verteilt. Nur wenn auf allen Amtsleitungen gesprochen wird, ertönt beim Anrufenden ein Besetztzeichen. Wenn Sie nach der Sammelrufnummer einer Firma die direkte Durchwahl des gewünschten GP wählen, so brauchen Sie nicht den Umweg über die Zentrale beziehungsweise Vermittlung zu gehen und können direkt mit ihm sprechen. Diese Durchwahl bezeichnet man auch als Nebenstellennummer. Wenn Sie sich der direkten Durchwahl bedienen, können Sie Telefonkosten und Wartezeiten reduzieren. Es gibt drei Arten von Nebenstellen: 1. Vollamtsberechtigte Nebenstellen, von denen aus Gespräche ohne Einschaltung der Zentrale geführt werden können. In einigen Fällen sind vollamtsberechtigte Nebenstellen jedoch für Auslandsgespräche gesperrt. 2. Halbamtsberechtigte Nebenstellen. Die Vermittlung von Gesprächen mit firmenexternen Fernsprechteilnehmern kann nur über die Zentrale erfolgen. Andere Nebenstellen können jedoch ohne Einschaltung der Zentrale direkt angewählt werden. 3. Nichtamtsberechtigte Nebenstellen. Über diese Nebenstellen können keine Gespräche mit Teilnehmern außerhalb der Firma geführt werden. Es können nur andere Nebenstellen angewählt werden.

Notizbuchfunktion
Während eines Gespräches kann eine Rufnummer elektronisch gespeichert werden. Nach dem Gespräch läßt sich diese Nummer per Tastendruck anwählen.

Notrufsystem
Wird bei speziellen Telefonsystemen eine bestimmte Taste gedrückt, wählt das Gerät selbständig bis zu vier vorher eingespeicherte Rufnummern an.

Operatordienste
Serviceleistungen der Deutschen Telekom, zum Beispiel Auskunft, Weckauftrag, Erinnerungsauftrag.

Optische Anrufanzeige
LED-Lichtzeichen, das blinkt, wenn Sie angerufen werden.

Paging
Bei schnurlosen Telefonen wird ein akustisches Signal von der Feststation zum Handgerät beziehungsweise umgekehrt gesendet. Innerhalb der Reichweite der Telefone können mit dieser Funktion zum

Beispiel verlegte Geräte gesucht werden.

Parken einer Verbindung
Über die Haltetasten können Gespräche in einen Wartekreis gelegt werden. Optische Signale zeigen dies über entsprechende Tasten an. Möglich im digitalen T-Net, im T-Net-ISDN und bei TK-Anlagen. Kommende Gespräche lassen sich abfragen, ohne aktuelle Verbindungen beenden zu müssen.

Passiv telefonieren
Wenn man als Angerufener telefoniert, nennt man das passiv telefonieren.

Pausen
Die meisten Menschen sprechen in eine Pause hinein. Machen Sie deshalb häufiger ein Pause, um Ihren GP zum Reden zu bringen. Wenn Sie dann aufmerksam zuhören können, haben Sie viel für die Beziehung getan.

PIN
Persönliche Identifikationsnummer, die vor unerlaubter Nutzung zum Beispiel von Telefonen schützt. Sie soll die Gefahr des Mißbrauchs mit gestohlenen oder verlorenen Geräten beziehungsweise Berechtigungskarten weitgehend ausschließen. Die vom Netzbetreiber vorgegebene beziehungsweise selbst gewählte PIN (Geheimnummer) muß jeweils vor Benutzung des Telefons eingegeben werden.

Plug-in-SIM
Miniversion der Funktelefon-Berechtigungskarte (Smart Card) in Form einer steckbaren Chip-Card. Sie wird bei vielen Handgeräten aus Platzgründen eingesetzt (bleibt im Funktelefon).

Prioritätenliste
Eine Prioritätenliste ist für die Arbeits- und Zeitplanung wesentlich. Sie kann nach Wichtigkeit oder Dringlichkeit aufgebaut sein, und Aktivitäten werden dann nach A (besonders wichtig) – B (wichtig) – C (weniger wichtig) geordnet. Entsprechend werden beispielsweise einzelne Telefonate geführt und beim Telefonieren auch die einzelnen Punkte nach dem Grad der Wichtigkeit abgehandelt.

Private Telefongespräche
Sie sind fast in jedem Unternehmen ohne besondere Erlaubnis möglich, wenn sie sich in einem vernünftigen Rahmen bewegen. Ferngespräche und Dauertelefonate mit Freunden sollten während der Arbeitszeit vermieden werden. Entsprechende Telefonate Ihres Vorgesetzten sollten Sie dagegen geflissentlich übersehen. Ein loyaler Mitarbeiter plaudert zudem Interna wie das genannte nicht vorbildhafte Verhalten nicht aus.

Reklamation
Siehe Beschwerde.

Rufnummernübermittlung
Komfortleistung im T-Net-ISDN.
Die Telefonnummer des Anrufers
erscheint auf dem Display vor Ent-
gegennahme des Anrufs.

Rückfrage
Während des Telefongesprächs
könnten von einer Sprechstelle
weitere Verbindungen hergestellt
werden. Der wartende Amtsteilnehmer kann während der Rückfrage nicht mithören.

Rückruftermine
Der vereinbarte Termin für einen
Rückruf sollte eingehalten werden.
Bei einem Termin, der nicht einge-
halten werden kann, sollte ein Zwi-
schenbescheid erteilt werden.

Rufdaueranzeige
Zeitangabe im Display bestimmter
(System-)Telefongeräte zeigt die
Dauer eines Telefongespräches in
Minuten und Sekunden an.

Rufnummernanzeige
Das Display am Telefongerät läßt
die Identifikation des Anrufers zu,
so ist eine Auswahl unter den ankommenden Anrufen möglich.

R-Taste
Rückfragetaste. Die R-Taste ist für
die Nutzung der Komfortleistun-
gen im digitalen T-Net, zum Beispiel Rückfragen/Makeln und
Dreierkonferenz, erforderlich.

Rufumleitung
Anrufweiterschaltung innerhalb

einer hausinternen Anlage. Siehe
Anrufweiterschaltung.

Rufweitermeldung
Außergewöhnliches Leistungsmerkmal beispielsweise bei Actron
AB, dem Komforttelefon mit integriertem Anrufbeantworter: Damit
wird ein Anruf zu einem beliebigen
Telefon (zum Beispiel Autotelefon)
oder zu einem Cityruf- beziehungsweise Eurosignal-Empfän-
ger weitergeleitet.

Ruhe vor dem Telefon
Siehe Anrufschutz.

Sammelruf
Mehrere Telefone einer TK-Anlage
können intern gleichzeitig gerufen
werden. Der Teilnehmer, der zuerst
abhebt, erhält das ankommende
Gespräch.

Schreibweise
Telefonische Beratung bei Fragen
zur richtigen Schreibweise leisten: Dudenredaktion, Sprachbe-
ratungsstelle, Mannheim, Tel.
(0621) 3901426; Gesellschaft für
deutsche Sprache e.V., Wiesbaden,
Tel. (0611) 99955-55; Grammati-
sches Telefon der RWTH Aachen,
Tel. (0241) 806074; Grammatik-
Telefon der Universität Potsdam,
Tel. (0331) 977-2424; Sprachtelefon der Universität GH Essen, Tel.
(0201) 183-3405.

Sekretariats-Service
DeTeMedien stellt Interessenten

ein persönliches Sekretariat zur Verfügung. Hier nimmt man von Montag bis Freitag zwischen 6 und 22 Uhr und Samstag von 8 bis 20 Uhr Ihre Aufträge entgegen. Sie können mündliche Mitteilungen an Dritte weitergeben lassen, Telefaxe (mit Ihrem Firmenlogo und auf Wunsch auch mit Ihrer Unterschrift per Scanner) oder ein Telex versenden, Texte diktieren, die auf PC verarbeitet werden, oder Texte übersetzen lassen. Auf Wunsch melden sich die freundlichen Mitarbeiter auch mit Ihrem Firmennamen, wenn Kunden Ihren Service anrufen. Darüber hinaus können Sie problemlos Konferenzräume und Tagungsbüros buchen lassen.

Selektives Abhören
Nachrichten auf dem Anrufbeantworter lassen sich mit dieser Funktion überspringen, beziehungsweise man kann solche auswählen, die abgehört werden sollen.

Service am Telefon
Um konkret über die Qualität seines Services am Telefon nachdenken und ihn verbessern zu können, sollte sich der Telefonbenutzer folgende grundsätzliche Fragen stellen: Wer beantwortet das Telefon? Und wie? In welchem Ton? Wird der Anrufer immer gleich dem richtigen Adressaten zugeleitet? Gibt es bei Abwesenheit einen automatischen Anrufbeantworter? Wie wird eine Anfrage behandelt, die man nicht sofort beantworten kann? Wird Mißbrauch mit der «Unter-

haltungsmusik» getrieben, die für den GP am anderen Ende zum Ärgernis werden kann? Wird für den Service am Telefon dieselbe Sorgfalt aufgewandt wie für ein direktes Kundengespräch?

Service 1 80
Für Anbieter und Anrufer kostenpflichtiger Service, der ein Unternehmen bundesweit unter einer einheitlichen Rufnummer, beginnend mit der Vorwahl 01 80, erreichbar macht. Nach den Vorgaben des Anbieters werden die Kosten zwischen A-Teilnehmer und B-Teilnehmer aufgeteilt.

Service 01 90
Bundesweit einheitliche Rufnummer der Deutschen Telekom zur gewerblichen Verbreitung privater Informationsangebote (z. B. Wetter, Sport, Gesundheit, Service-Hotlines). Der Zugang erfolgt über diese Nummer und eine sechsstellige Rufnummer.

Setting
Wenn Ihr Setting, das heißt die Umgebung Ihres Telefons, besonders laut ist, kann Sie Ihr GP unter Umständen kaum verstehen. Wenn andere im selben Raum reden, der Drucker druckt oder ähnliches, dann können Sie kaum die Konzentration für ein ruhiges Kundengespräch aufbringen.

SIM
Subscriber Identity Module: Mit Prozessor und Speicher bestückte

Chip-Card für D1-Netz-Telefone, auf der die vom Netzbetreiber eingegebene Teilnehmernummer enthalten ist. Siehe Plug-in-SIM.

Sperren (Einschränkungen von Verbindungsmöglichkeiten)
Mit diesem Leistungsmerkmal kann ein Mißbrauch des Universalanschlusses bei Abwesenheit verhindert werden. Möglich ist eine Vollsperre für den gesamten Anschluß, das heißt, der Anschluß ist für alle eingehenden und abgehenden Verbindungen gesperrt mit Ausnahme der Notruf-Nummern zu Polizei und Feuerwehr. Bei Anwahl des Anschlusses werden dann die Anrufer mit einer Ansage über die Sperre informiert. Die Sperre muß bei der Telekom beantragt werden. Die Sperre für abgehende Gespräche ist auf den Telefondienst begrenzt mit vier Möglichkeiten: Interkontinentalverbindungen, Auslandsverbindungen, Fernverbindungen oder alle Verbindungen mit Ausnahme der Notrufnummern 110, 112. Die abgehende Sperre kann für alle Dienste eingerichtet werden.

Sperrschloß
Dient dem «Abschließen» des Telefons, um es gegen unerlaubte Nutzung zu sichern. Ankommende Anrufe werden damit nicht blockiert. Siehe Elektronisches Codeschloß.

Sprachbox
Elektronisches Postfach per Telefon mit Eingangs- und Abgangskorb, vor allem für solche Mitarbeiter nützlich, für die eine hohe Erreichbarkeit wünschenswert ist (z. B. Vertrieb, Benutzerbetreuung DV, Betriebsunterstützung, Management). Geht in der Sprachbox des Nutzers eine Mitteilung ein, wird er durch Eurosignal oder Anruf benachrichtigt. Der Teilnehmer hat über jeden Telefonanschluß Zugang zu seiner Sprachbox und den eingegangenen Informationen.

Sprachverschleierung
Abhör-Schutzmechanismus bei modernen schnurlosen Telefonen. Läßt sich während wichtiger Gesprächspassagen per Tastendruck einschalten.

Standardanschluß
T-Net-ISDN-Basisanschluß mit den Leistungsmerkmalen Dreierkonferenz, Rückfragen/Makeln, Rufnummernübermittlung.

Stand-by-Betrieb
Anruf- und Empfangsbereitschaft bei schnurlosen Telefonen oder Mobilfunk-Geräten mit Akku-Betrieb.

Standleitungen
Festgeschaltete Leitungen, die für eine bestimmte Dauer genutzt werden.

Stimme
Die Stimme ist der Informationsträger beim Telefonieren – sie ver-

mittelt Sympathie oder Antipathie, schafft eine Beziehung oder wirkt abwehrend, führt zu Vertrauen oder Mißtrauen, vertieft einen Eindruck oder widerlegt ihn mit der Zeit.

Stimmodulation
Das Heben und Senken der Stimme, ihre Lautstärke fördern Aufmerksamkeit und Interesse. Durch Stimmodulation kann man besondere Argumente, aber auch wichtige Begriffe hervorheben.

Stummschalten des Mikrofons
Taste zum Abschalten des Mikrofons im Handapparat. Der TP am Telefon kann dann die mit anderen Personen im Raum vertraulich geführten Rückfragen nicht mithören.

Systemcode
Verschlüsselte Zugangsberechtigung zur Veränderung von Grundeinstellungen (z. B. IWF/MFV) bei TK-Anlagen oder schnurlosen Telefonen.

Systemtelefon
Zu modernen TK-Anlagen gehörendes Telefon, das – je nach Anlage – mit einer Reihe von Komfortfunktionen und Sondertasten ausgestattet ist.

T-Card
Chipkarte der Deutschen Telekom zum bargeldlosen Telefonieren in über 68 Ländern. Die Abrechnung

erfolgt mit der monatlichen Telefonrechnung.

Teilnehmeranschluß
Anschluß von Endgeräten an TK-Anlagen.

Teilnehmerkontrolldrucker
Sie halten bei Selbstwählgesprächen Daten einzelner Gespräche fest.

Telebox
Jeder Teilnehmer des Teleboxdienstes erhält eine eigene Anschrift und ein Password, mit dem er das System nutzen kann. Von Teilnehmern können Mitteilungen eingegeben, editiert, an andere Teilnehmer verschickt (auch an mehrere Teilnehmer verteilt), ausgelesen, beantwortet oder abgelegt werden. Angekommene Mitteilungen werden bis zum Auslesen zwischengespeichert und dem Empfänger beim nächstfolgenden Verbindungsaufbau zum Teleboxdienst angezeigt.

Telefaxgerät (Telekopierer)
Gebräuchliche Bezeichnung für Fernkopierer. Mit diesem Zusatzgerät läßt sich ein Schriftstück (Telefax, Kurzform: Fax) über das öffentliche Telefonnetz «versenden». Dies geschieht mittels optischer Abtastung und Umwandlung in elektronische Signale. Die empfangenen Signale werden zum ursprünglichen Schwarzweißbild reproduziert. Alles, was man schreibt, zeichnet, in Strichen oder

Zahlen, in Buchstaben oder Symbolen darstellt, kann übermittelt werden. Man spricht auch von einer Methode des «schriftlichen Telefonierens».

Telefon
Gerät, das Ihnen die sprachliche Kommunikation mit räumlich entfernten Partnern über ein hausinternes Leitungsnetz oder über das öffentliche Fernsprechnetz ermöglicht. Größere Unternehmen verfügen neben mehreren Anschlüssen an das Wählnetz der Telekom häufig auch über ein internes Telefonnetz, durch das die einzelnen Arbeitsplätze miteinander verbunden sind. Durch Zusatzeinrichtungen (Modems) kann das Telefonnetz auch zur Datenübertragung genutzt werden.

Telefon, schnurloses
Eigentlich sind sie keine Mobiltelefone – bei schurlosen Telefonen kann lediglich der Hörer, der meist ein eigenes Tastenfeld enthält, in begrenztem Umfeld mitgenommen werden. Lediglich die Verbindung zum Telefonapparat am Festnetz erfolgt per Funk.

Telefonanschluß
Anschluß von Telefon beziehungsweise a/b-Geräten oder TK-Anlagen an das Telefonnetz.

Telefonchequer
Mit Hilfe eines Telefonchequers können Namen oder schwierige Begriffe sicher vermittelt werden.

Telefondauer
Die Dauer ist abhängig vom Inhalt. Für allgemeine Geschäftsgespräche sind zwei bis vier Minuten ein guter Schnitt.

Telefonieren, rationelles
Rationelles Telefonieren heißt, in angemessener Zeit beziehungsweise mit möglichst geringen Kosten ein hohes Maß an Informationen auszutauschen und dabei Effektivität zu erzielen.

Telefonkarte
Mit einer Telefonkarte kann man an bestimmten öffentlichen Telefonen bargeldlos telefonieren. Erhältlich in allen Niederlassungen der Telekom und bei Postämtern für 12 DM (= 40 Einheiten) oder 50 DM (= 200 Einheiten).

Telefonkonferenz
Die kostengünstige Alternative zum persönlichen Treffen: eine Zusammenschaltung mehrerer Telefonanschlüsse zu einem Gespräch. Vorteil einer Telefonkonferenz ist, daß die Teilnehmer nicht «physisch» an einem Ort anwesend sein müssen, was Zeit und Geld spart. Telefonkonferenzen erfordern jedoch eine sehr gute Planung und Vorbereitung der Teilnehmer auf das Gespräch sowie äußerste Disziplin und Präsenz während der Konferenz. Bestellen einer Telefonkonferenz unter Telefon 01 30 01 61 oder per Telefax 01 30 01 62. Siehe Audiokonferenz.

Telefonkopierer
Andere Bezeichnung für Telefax-gerät.

Telefonliste
Um Telefonate en bloc abzu-wickeln, ist eine Telefonliste von Nutzen. Sie enthält: Datum, Rei-henfolge der Telefonate, Namen der GP einschließlich Telefonnum-mer, Unternehmen, Abteilung, Ge-sprächsanlaß (Stichwörter, Fragen, Argumente und so weiter), zusätz-liche Bemerkungen. Entsprechend der Nummer des Telefonats wer-den die dazugehörigen Unterlagen numeriert.

Telefon-Marketing
Hierzu gehören alle Tätigkeiten, ein Produkt oder eine Dienstlei-stung per Telefon zu fördern, dafür zu werben, es zu verkaufen, ja selbst Reklamationen zu erledigen. Dazu gehören Kundenanrufe und -anfragen, eigene Anfragen, die Klärung von Terminen und Sach-fragen, der Hinweis auf besonders günstige Angebote oder Produkte usw. Durch Telefon-Marketing werden kostenintensive Kunden-besuche vermieden.

Telefonnotiz
Aufzeichnung von Datum, Uhrzeit, Name und Telefonnummer des Anrufers, Firmenname, Anlaß ei-nes Anrufs, Erledigungsvermerk, Handzeichen. Tefefonnotizen die-nen der Information eines abwe-senden Mitarbeiters oder als Beleg der eigenen Tätigkeit.

Telefonnotizblock
Eignet sich zum Festhalten von In-formationen wie Adresse, Telefon-nummer, Bestellungen, Anfragen, Reklamationen und ähnlichem. Spezielle Vordrucke sind in Büro-bedarfgeschäften erhältlich.

Telefonregister, elektronisches
Sie enthalten beispielsweise Wahl-wiederholung, Nummernspeicher und Anrufweiterleitung innerhalb des Hauses oder Betriebes. Es empfiehlt sich als Arbeitsunterlage für häufige Telefonate.

Telefonverzeichnis
Namentliche Auflistung von Fern-sprechteilnehmern eines be-stimmten Bereiches. Es verschafft einen Überblick, unter welcher Rufnummer der jeweilige Teilneh-mer erreichbar ist. Das Amtli-che Telefonbuch der Telekom (namentliche Auflistung der Fernsprechteilnehmer eines Orts-netzes) und das Branchenfern-sprechbuch (Auflistung der Fern-sprechteilnehmer nach Branchen) werden jährlich neu aufgelegt. Größere Unternehmen verfügen über ein hausinternes Telefonver-zeichnis.

Telefonzentrale
Telefonanlage, mit deren Hilfe ein-gehende oder ausgehende Telefon-gespräche zu weiter angeschlosse-nen Telefonapparaten vermittelt werden können. In größeren Un-ternehmen ist eine Telefonzentrale unabdingbar, da selbst bei Durch-

wahlmöglichkeit der Anrufer oft nicht weiß, an wen er sich in einer bestimmten Angelegenheit wenden soll oder welche Durchwahlnummer der gewünschte GP hat.

Telekommunikationsdienste (TK-Dienste)

Alle von der Telekom für die elektrische beziehungsweise elektronische Übertragung von Nachrichten und Informationen bereitgestellten Dienstleistungen und Einrichtungen.

Terminabstimmung

Damit unterstützt die Sekretärin ihren Vorgesetzten bei der Führung der ihm Untergebenen. Terminabstimmung bedeutet – neben Terminvereinbarung und -überwachung – die sinnvolle Koordination anstehender Termine. Wesentlich ist, daß Überschneidungen vermieden werden und durch eine rationelle Zeitplanung ein flüssiger Arbeitsablauf gewährleistet ist. Siehe Terminvereinbarung.

Terminvereinbarung

Die wichtigsten Regeln zur erfolgreichen Terminvereinbarung sind: 1. Geben Sie mindestens zwei Termine zur Auswahl an. 2. Gesprächsdauer möglichst definieren und einhalten. 3. Vorzimmer-Barriere durch Aufwertung der Sekretärin abbauen. 4. Termin durch Wiederholung bestätigen. Siehe Terminabstimmung.

TFE

Türfreisprecheinrichtung: Läßt sich in verschiedene TK-Anlagen integrieren – mit dem Vorteil, über ein Telefon «die Tür abfragen» und auch öffnen zu können. Siehe Apothekerschaltung.

TK-Anlage (Telekommunikationsanlage)

Ausbaufähige, analoge oder digitale Systeme zur komfortablen Kommunikation in großen Haushalten, Betrieben oder Verwaltungen. Neben unterschiedlichen Telefonen können auch andere Endgeräte der modernen Büro- und Datenkommunikation angeschlossen werden.

T-Mobil

Darunter sind alle von der T-Mobil Deutsche MobilNet GmbH vermarkteten Mobilfunkdienste (Cityruf, C-Tel, Dl, ProTel-D1, Scall, Skyper, Telly-D1) zusammengefaßt.

T-Net

Telefonnetz der Deutschen Telekom.

T-Net-Box

Anrufbeantworter im digitalen T-Net und im T-Net-ISDN. Speicherung von bis zu 30 Nachrichten.

T-Net-ISDN

ISDN-Netz der Deutschen Telekom.

Tonruf

Ein melodischer Dreiklang signalisiert, statt einer Klingel, daß Sie am Telefon verlangt werden.

Umschaltbares Wahlverfahren (IWV/MFV)

Leistungsmerkmal zum Wechsel vom Impulswahlverfahren auf das intelligentere Mehrfrequenzwahlverfahren. Damit kann ein Telefon sowohl an analogen wie an digitalen Vermittlungsstellen betrieben werden: Beispielsweise lassen sich eine Fernabfrage für einen Anrufbeantworter aktivieren oder die Dienstleistungen Sprachbox und Cityruf nutzen.

Verbilligte Telefonzeiten

Die Tarife für Telefongespräche richten sich nach der Dauer und der Entfernung der Verbindung, außerdem nach dem Wochentag und der Tageszeit. Normaltarif: an Werktagen zwischen 9 und 18 Uhr. Billigtarif (Freizeit, Mondschein, Nacht) mit längeren Zeittakten je Tarifeinheit: an Werktagen zwischen 18 und 8 Uhr sowie samstags, sonntags und an Feiertagen. Die Tarifeinheit im Selbstwählverkehr beträgt 0,23 DM (0,30 DM im öffentlichen Münztelefon). Bei Benutzung einer Telefonkarte zu 50 DM verringert sich dieser Betrag. Im Netzbereich der Telekom gibt es ferner entfernungsabhängig zwei Tarifzonen (RegioCall, GermanCall) mit unterschiedlichem Zeittakt je Tarifeinheit. Gesonderte Billigtarife gibt es für bestimmte Verbindungen ins Ausland (Global Call).

VIP-Funktion

Dreistellige Geheimnummer für Anrufbeantworter: Ist diese Funktion aktiviert, werden nur Gespräche mit der Geheimnummer akustisch signalisiert.

Wahl bei ausliegendem Hörer

Wählen, ohne den Hörer abzunehmen. Die Hände sind so lange frei, bis der GP sich meldet.

Wahlwiederholung

Bei Telefon- und Telefaxgeräten mit Wahlwiederholungstaste wird die zuletzt gewählte Rufnummer gespeichert. Wenn besetzt ist oder der Teilnehmer sich nicht meldet, kann die Wahl durch Tastendruck automatisch wiederholt werden. Komforttelefone sind in der Regel mit einer erweiterten Wahlwiederholung ausgestattet, das heißt, die entsprechende Rufnummer wird gespeichert. Sie können zwischenzeitlich andere Teilnehmer anrufen und später erneut die programmierte Nummer automatisch anwählen lassen.

Wechselsprechanlage

Ermöglicht abwechselndes Sprechen zwischen internen Teilnehmern. Der Anrufende steuert durch Drücken oder Lösen der Sprechtaste die Mikrofon- beziehungsweise Hörerfunktion. Der Angerufene kann von jeder Stelle des Raumes aus sprechen. Siehe Gegensprechanlage.

Wirtschaftlichkeit
Telefonieren ist nur dann effizient, wenn dabei die Grundzüge der Wirtschaftlichkeit eingehalten werden. Stundenlanges Telefonieren, ohne daß Ergebnisse erzielt werden, steht dem entgegen. Die Wirtschaftlichkeit liegt hauptsächlich in der effizienten Telefonorganisation beziehungsweise im effektiven Vorgehen.

Zählimpuls
Siehe Einheitenzähler.

Zeitmanagement
Zeitmanagement ist genaue und rationelle Zeiteinteilung, bezogen auf den Arbeitstag und Arbeitsablauf. Es dient der Optimierung von Zeit und Arbeit mit dem Ziel möglichst hoher Produktivität und Effizienz. Jeder Mitarbeiter sollte das Ziel haben, seine Zeit selbständig und optimal zu planen, zum Beispiel für die alltäglich zu erledigenden Telefonate. Tips zur Verbesserung des Zeitmanagements:
▷ Setzen Sie sich Ziele, sowohl im Berufs- als auch im Privatleben!
▷ Nur wer ein Ziel hat, kann ein Ergebnis erzielen!
▷ Verschaffen Sie sich einen Überblick durch einen Tagesplan!
▷ Setzen Sie Prioritäten! Unterscheiden Sie Aufschiebbares, Wesentliches und Unwesentliches!
▷ Zwischen wichtigen Terminen sollten Sie ausreichende Pufferzeiten einplanen!
▷ Überwachen Sie Ihre Termine!
▷ Planen Sie bewußt Pausen ein!
▷ Erkennen Sie Störfaktoren, und beherrschen Sie diese mit Hilfe von Zeitblöcken!
▷ Beachten Sie Ihren Biorhythmus!
▷ Bündeln Sie gleichartige Tätigkeiten!
▷ Verwenden Sie Checklisten!
▷ Bedienen Sie sich des Schriftlichen!
▷ Lernen Sie, NEIN zu sagen!
▷ Bringen Sie Angefangenes zu Ende!

Zielwahltasten
Bei Komforttelefonen können Speicherplätze mit häufig benötigten Rufnummern belegt werden. Bei Bedarf kann der Wählvorgang per Tastendruck ausgelöst werden.

LITERATURVERZEICHNIS

Anregungen zum Schreiben dieses Ratgebers wurden unter anderem aus den folgenden Veröffentlichungen gewonnen:

E. Anders / S. Kieslich / G. Kreißl / R. Ramsauer: *Datenverarbeitung für die kaufmännische Berufsausbildung.* 1997

J. Böttcher / H. Haupt: *Sekretärinnenstudio.* Band 4. [3]1991

H. Dittrich: *Telefonieren.* 1994

U. Drechsler: *Arbeitsplatz Sekretariat.* [2]1997

Dudenredaktion in Zusammenarbeit mit S. A. Huth (Hrsg.) *Duden, das Sekretariatshandbuch.* 1994

P. Ebeling: *Rhetorikhandbuch.* 1994

C. Feiter-Hovermann: *Effiziente Sekretariatsarbeit.* 1995

H. Fisch / R. Kaese / R. Benedix: *Organisieren durch Bürotechnik.* [13]1997

W. K. Graichen / L. J. Seiwert: *Das ABC der Arbeitsfreude: Techniken, Tips und Tricks für Vielbeschäftigte.* [5]1990

Handbuch Sekretariat. 1989

St. Handschuh-Heiß: *Arbeitsplatz Sekretariat.* 1994

M. Haucke: *Mehr Erfolg am Telefon.* 1994

H. Haupt / I. Wesselborg: *Sekretariatspraxis heute.* [2]1994

G. Hooffacker: *Telefon-Marketing.* 1991

H. Jünger: *Praxis der Sekretärinnen und Phonotypistinnen.* [3]1994

B. Klein: *Vom Sekretariat zum Office Management.* 1996

G. Kleinböck / J. Lepthien: *Die Büropraxis.* [14]1996

S. Krämer / K.-D. Walter: *Informationsmanagement.* 1996

W. Lassek: *Handbuch für den Büroalltag.* [9]1996

R. Leicher: *Noch besser telefonieren.* 1990

F. Morschheuser / K. Santozki: *Büro 2000.* 1992

S. Motamedi / U. Eling: *Wirkungsvoll telefonieren.* 1992

O. Neumann: *Der Telefonprofi.* 1996

F. Oehlerking: *Das Telefon-Sparbuch.* 1998

F. Przybylski / R. Niederprüm / R. Friedemann: *Wirtschaftsinformatik/Organisationslehre.* 1997

Th. Rothgegel: *Wie Information verständlich wird.* 1996

V. Scheitlin: *Meisterhaft telefonieren.* [5]1991

G. Walter: *Phone Power.* [2]1993

R. D. Zens: *Office-Management.* 1993

B. Zuschlag / W. Thielke: *Konfliktsituationen im Alltag.* [2]1992